Dorothea Gersdorf

Anleitung zur Gelassenheit

Entspannt glauben

SCM
R.Brockhaus

SCM

Stiftung Christliche Medien

FSC www.fsc.org
MIX
Papier aus verantwortungsvollen Quellen
FSC® C006701

Bodenborn 43 · 58452 Witten
Internet: www.scmedien.de; E-Mail: info@scm-brockhaus.de

Umschlaggestaltung: Dietmar Reichert, Dormagen
Satz: Christoph Möller, Hattingen
Druck und Bindung: CPI – Ebner & Spiegel, Ulm
Gedruckt in Deutschland
ISBN 978-3-417-26582-8
Bestell-Nr. 226.582

Gewidmet meinen Eltern,
durch die ich den Vater im Himmel
kennenlernte

Achtung, evtl. Irrlehren enthalten

Inhalt

Einleitung

Es war ein unerfreuliches Gespräch mit meinem Mann Rolf, bei dem es um die Gestaltung unseres geistlichen Lebens ging. Ich beklagte mich zum wiederholten Mal darüber, dass wir nicht genug zusammen beteten, während er mit dem Status quo zufrieden war. Schließlich gab er mir zu verstehen, dass es ein generelles Problem sei, dass ich mich nicht entspannen könne. Wir hatten schon eine ganze Weile hin und her diskutiert, ein Wort hatte das andere gegeben, als Rolf mir ernsthaft nahelegte: „Du musst lernen, einfach mal die Zeit verstreichen zu lassen."

Wie bitte? Hatte ich recht gehört? Mein anfänglich ungläubiges Erstaunen wich im Bruchteil einer Sekunde heftiger Empörung und Abwehr. Allein schon die Formulierung „Zeit verstreichen lassen" rief in mir Aversionen hervor; meine Nackenhaare hätten sich aufgestellt – hätte ich denn welche gehabt.

Unser Gespräch fiel in einen Lebensabschnitt, in dem wir zusammen mit unseren drei kleinen Kindern in einer überkonfessionellen missionarischen Kommunität lebten und mitarbeiteten – eine äußerst anstrengende Zeit! So war es für uns normal, dass einer von uns beiden am Abend im Rahmen unseres Dienstes unterwegs war. Ich wollte Gott mit all meiner Kraft dienen, und wie sehr war ich darum bemüht, ihm zu gefallen! Ich gab mir alle Mühe, mich ausreichend für ihn zu engagieren, seinen Willen herauszufinden und zu befolgen, ich hielt meine Gebetszeiten ein und vieles mehr. Und dennoch kamen mir immer wieder Zweifel, ob mein Einsatz für Gott genügte. Zweifel, die mein Mann nicht kannte. Deshalb war er auch zutiefst davon überzeugt, dass unsere gemeinsamen Gebetszeiten ausreichten und Gott völlig damit zufrieden war.

Was mich betraf, widersprach der Appell meines Mannes sämtlichen Überzeugungen, zu denen ich in meinem bisherigen Glaubensleben gelangt war. War es nicht so, dass das Wort Gottes uns ausdrücklich dazu aufforderte, die Zeit auszukaufen und die von Gott gegebenen Talente nicht brachliegen zu lassen? Sollten wir nicht mit all unserer Kraft nach Gottes Reich und seiner Gerechtigkeit trachten? Hatte uns Jesus nicht den klaren Auftrag gegeben, die frohe Botschaft bis ans Ende der Erde weiterzutragen, und legte uns der Apostel Paulus in seinem Brief an Timotheus nicht nahe, sie zur „gelegenen wie zur ungelegenen Zeit" zu predigen? Wie sollte es bei einem solch gewaltigen Auftrag dann gerechtfertigt sein, kostbare Zeit ungenutzt verstreichen zu lassen? War es zu verantworten, Gottes wertvolle Zeit zu vergeuden? Einfach zu entspannen?

Mein Mann nahm meine Einwände mit ruhiger Gelassenheit zur Kenntnis, ohne etwas darauf zu erwidern. Wir sahen uns eine Weile schweigend an, und während ich vergeblich darauf wartete, dass er konterte, spürte ich zu meinem eigenen Erstaunen, wie mein Zorn verrauchte, meine Empörung nachließ und ich nachdenklich wurde. Rolfs Worte rührten etwas in mir an. Da war etwas wie eine leise Ahnung, dass in ihnen eine wichtige Botschaft für mich lag, die ich allerdings noch nicht verstand, und er mir eine Fährte legte, von der ich noch nicht wusste, wohin sie mich führen würde. Mir schien es, als würde in mir eine verborgene Sehnsucht angerührt, die noch keinen Namen hatte, die aber im weitesten Sinne etwas mit Aufatmen, Zur-Ruhe-Kommen und gelassener Heiterkeit zu tun hatte. Es fühlte sich an wie eine Einladung, die Seele baumeln zu lassen, als ob mir jemand die Erlaubnis zusprach, dass ich es mir gut gehen lassen dürfe. In meiner Seele entstand als Resonanz auf die Worte meines Mannes eine leise Bewegung, für die mir folgendes Bild kam: ein Glas, gefüllt mit klarem Wasser, von dessen Grund sich zarte Bläschen zaghaft, aber stetig lösen und nach oben perlen, einem unbekannten und dennoch vertrauten Raum entgegen.

Die Natur folgt einem ständigen Rhythmus zwischen Anspannung und Entspannung: Ebbe und Flut, Frühling und Herbst, Sommer und Winter, Wind und Flaute. Auch in unserem Leben gibt es diese Abfolge: einatmen und ausatmen, wachen und schlafen, arbeiten und ruhen, lachen und weinen, geben und nehmen. Im Idealfall befinden sich beide Pole in einem guten Gleichgewicht. Als mein Mann mir damals sagte, ich müsse es lernen, einfach mal die Zeit verstreichen zu lassen, veranlasste er mich dazu, mir über diese Dinge im Hinblick auf mein Leben Gedanken zu machen. Er hätte auch sagen können: „Du musst lernen, dich mal zu entspannen“, oder noch konkreter: „Du musst lernen, entspannter zu glauben.“ Denn dies war es, worum es eigentlich ging. Er hatte damit eine echte Not angesprochen, die es in mir und meinem Leben gab. Letztlich hatte er erkannt und thematisiert, dass es in puncto Anspannung bzw. Entspannung bei mir eine Schräglage gab. Das spürte ich selbst, wusste aber nicht, wie ich es hätte ändern können.

In der Tat sehnte ich mich nach nichts mehr als nach einer entspannten Gottesbeziehung, einem Glauben, der von ruhiger Gelassenheit und Zuversicht geprägt war. Ich sehnte mich danach, bei Gott in die Stille zu finden. Doch gleichzeitig war da ein Unvermögen, das sich beispielsweise darin ausdrückte, dass ich nur schwer in die Anbetung fand. Immer wieder plagten mich diffuse, wiederkehrende Schuldgefühle, die mich mit der Frage quälten, ob ich gehorsam genug sei und Gott mit meinem Leben wirklich zufrieden. Auch Selbstzweifel spielten dabei eine Rolle, gespeist aus der Unart, mich ständig mit anderen zu vergleichen. Daraus erwuchs viel Unzufriedenheit mit mir selbst und meinem Leben. Denn ich war auf die Stärken anderer fokussiert und gleichzeitig – wie konnte es anders sein – auf meine Schwächen. Diese Rastlosigkeit und Anspannung spürte ich nicht nur in geistlichen Dingen und in meiner Gottesbeziehung, sondern auch in anderen Bereichen meines Lebens.

Immer wieder plagten mich diffuse, wiederkehrende Schuldgefühle, die mich mit der Frage quälten, ob ich gehorsam genug sei und Gott mit meinem Leben wirklich zufrieden.

Pastor Manfred Lanz beschreibt ähnliche Erfahrungen folgendermaßen:

> *In einer Zeit tiefster Not und Verlorenheit schrie ich zum Herrn und er errettete mich. Seine Gnade und Errettung schenkten mir neues Leben. Leidenschaft, Begeisterung und eine tiefe Freude über die Erlösung erfüllten mein Herz. Dann folgte ein gewisser, unmerklicher Prozess. Zunehmend spielten Pflichterfüllung, Leistung und Disziplin eine entscheidende Rolle. […] Getrieben von Aufgaben und Zielen, diente ich Gott und wollte mein Bestes geben, ihm und anderen Menschen zu gefallen. Mein Innerstes war jedoch nicht zutiefst befriedet und befriedigt.*[1]

Bis heute habe ich viele Christen kennengelernt, die mit ähnlichen Symptomen ringen. Diese Menschen zeichnen sich in der Regel durch folgende Eigenschaften aus: Sie lieben Jesus und wollen ihm dienen – mit allem, was sie sind und haben. Sie sind gewissenhaft und stetig, sie haben ein hohes Verantwortungsgefühl, neigen zu Perfektionismus und stellen hohe Anforderungen an sich selbst. Gleichzeitig haben sie ein feines Gewissen und sind anfällig für Schuldgefühle; oft kommen sie nur schwer zur Ruhe. Sie ringen häufig mit Symptomen wie Unzufriedenheit mit sich selbst, nagenden Selbstzweifeln oder innerer Anspannung. Viele beschreiben es so, dass sie in ihrem Glauben und ihrer Beziehung zu Gott nicht so recht froh werden. So kann es kommen, dass im Grunde alles, was uns Gott eigentlich zum Segen dienen lassen will, bei ihnen Druck erzeugt: die Zeiten, die sie mit Gott verbringen, von der Anbetung und Fürbitte über ihr Bibelstudium bis hin zu ihrem Gemeindeengagement – es gibt keinen Bereich, der davon ausgenommen ist. Alles, was ihnen zu Beginn ihres Christseins eine Lust war, kann zu einer Last werden. Immer neue geistliche Erfahrungen oder religiöse Gefühle erleben zu wollen, auch das kann in Leistungsstress ausarten. Sogar ihr Verweilen bei Gott kann für sie zu einer angespannten Pflichtübung werden.

Warum ist das bei manchen Menschen so? Wie kann es sein, dass Gottes liebevolles Angebot, das die einen mit Freude und Dankbarkeit annehmen und ausschöpfen, für andere zu einem schweren Joch wird, die Bibel spricht von einem Joch der Knechtschaft (Galater 5,1)? Weshalb geraten etliche Christen im Laufe ihres Glaubenslebens in das Fahrwasser von Leistungsstress, Anspannung und Frust?

Es gibt seelische und geistige Mechanismen, die hierbei eine Rolle spielen und die wir kennen sollten. Zudem haben wir es mit bestimmten biblischen Prinzipien zu tun, die, wenn sie im Leben eines Menschen wirksam sind, folgerichtig zu einer solchen Entwicklung führen müssen. Sie entfalten nicht selten ihre Wirksamkeit im Zusammenspiel mit den persönlichen inneren Konflikten und Verwundungen eines Christen. Die beschriebene Not ist zudem häufig nur vor dem Hintergrund der speziellen Lebensgeschichte eines Menschen verständlich.

Meine Erfahrung ist, dass der Weg aus einer solchen Problematik heraus darüber führt, dass diese dahinter liegenden, oft sehr verborgenen Zusammenhänge erkannt werden. In den Psalmen fand ich ein Gebet König Davids, in dem er unsere Not in Worte fasst und Gott um Hilfe bittet: *Erforsche mich, Gott, und erkenne mein Herz. Prüfe mich und erkenne meine Gedanken! Und sieh, ob ein Weg der Mühsal bei mir ist, und leite mich auf dem ewigen Weg!* (Psalm 139,23-24).

Wege der Mühsal entstehen, wenn ein Joch der Knechtschaft auf uns lastet. Daher wollen wir uns zunächst mit diesem harten Joch befassen, denn um es ablegen zu können, müssen wir es zuerst „begreifen". Gott muss uns dabei helfen, denn es geht um Motive unseres Herzens, die uns oft nicht bewusst sind. Wenn wir uns nach Veränderung sehnen so wie ich damals, müssen wir zunächst verstehen, warum unser Leben von solcher Hast und Unruhe geprägt und unser Weg manchmal so anstrengend und schwer ist. Wir müssen erkennen, was unser Sein und unseren Glauben belastet, denn Jesus sagt ausdrücklich, dass *sein* Joch nicht schwer ist:

> *Kommt her zu mir, alle ihr Mühseligen und Beladenen! Und ich werde euch Ruhe geben. Nehmt auf euch mein Joch, und lernt von mir! Denn ich bin sanftmütig und von Herzen demütig, und ihr werdet Ruhe finden für eure Seelen, denn mein Joch ist sanft, und meine Last ist leicht.* (Matthäus 11,28)

Diese Verse sind mir im Hinblick auf unser Thema wichtig geworden. Daher werden wir sie genauer studieren, nachdem wir uns mit dem Joch der Knechtschaft befasst haben. Sie werden uns im 2. Teil durch dieses Buch begleiten, wir werden uns gewissermaßen an ihnen „entlangarbeiten". Wie können wir Jesu „Kommt her zu mir" Folge leisten? Was meint Jesus, wenn er sagt, sein Joch sei nicht schwer? Was haben wir uns unter dem „leichten Joch Jesu" vorzustellen? Wie kann ein Prozess gelingen, der uns zu Jesus führt und bei dem wir von seinem Wesen lernen und bei ihm zur Ruhe finden? Mit diesen Fragen wollen wir uns befassen.

Veränderung ist möglich, Gott sei Dank. Zwanzig Jahre sind seit jenem Gespräch mit meinem Mann vergangen – Jahre, in denen es mir gelang, meinen mühseligen Weg zu verlassen, und in denen ich es tatsächlich gelernt habe, Zeit verstreichen zu lassen. Und ich lerne es immer noch. Aber ich bin auf einem guten Weg, die eingeschlagene Richtung stimmt.

Alles fing damit an, dass Gott begann, „mein Herz zu erkennen". Wenn Gott sich um unser Herz kümmert und es „erkennt", dann wird es sehr persönlich und intim, wie es bei Herzensangelegenheiten nun einmal der Fall ist. Dann geht es um Themen wie Vertrautheit, Nähe,

Hingabe – kurzum, es geht um Beziehung, denn unser Herz ist ein Kontaktorgan. Gott möchte mit uns über Beziehungen bzw. unsere Beziehungsschwierigkeiten sprechen, denn häufig liegt hier der Kern unserer Mühsal. Dabei geht es ihm nicht nur um die Beziehung zu ihm, sondern genauso um unseren Umgang mit anderen Menschen und nicht zuletzt mit uns selbst, da diese drei Ebenen unseres Seins untrennbar zusammengehören und ineinandergreifen.

Gottes Wiederherstellung, sein Weg, uns in seinen Frieden zu bringen, betrifft alle drei Beziehungsbereiche, und von ihnen handeln auch die folgenden Kapitel. Es geht darum, wie Gott uns verändert und heilt, uns von unserer Rastlosigkeit und Mühsal befreit, uns zur Ruhe und auf dem ewigen Weg zum Ziel bringt. Wertvolle Denkanstöße dafür bekam ich – abgesehen von der Bibel – durch die inspirierende Lektüre alter und moderner christlicher Mystiker (das Thema Mystik und deren biblische Grundlage wird ab Seite 103 ausführlicher behandelt), im Austausch mit meinem Mann, meinen Kindern und Freunden. Manche Gedanken und Impulse sprach Gott auf seine sanfte und gleichzeitig eindringliche Weise in mein Herz und in mein Leben hinein.

Teil 1

Das harte Joch

Für die Freiheit hat Christus uns frei gemacht. Steht nun fest und lasst euch nicht wieder durch ein Joch der Sklaverei belasten! (Galater 5,1)

Vor einiger Zeit wachte ich eines Morgens mit Kopfschmerzen auf. Als sich die Schmerzen hartnäckig hielten und sich über zwei bis drei Tage in meiner Stirn festsetzten, wurde ich stutzig. Ich fing an, mir Gedanken zu machen, denn über die Jahre hatte ich gelernt, meine Körpersprache ernst zu nehmen. Gab es etwas, worüber ich mir wortwörtlich den Kopf zerbrach?

Zuerst tappte ich im Dunkeln, aber nach und nach kam ich den Hintergründen auf die Spur. Ich war kurz davor, mit dem Schreiben dieses, meines vierten Buches zu beginnen – eine Tätigkeit, die ich normalerweise mit Lust und Freude in Angriff nehme. Warum dann aber die Kopfschmerzen? Dazu muss man wissen, dass ich die Themen meiner ersten Bücher selbst ausgewählt habe, weil sie mir auf dem Herzen lagen und ich es wichtig fand, darüber zu schreiben. Ich hatte die Manuskripte also geschrieben und erst danach dem Verlag vorgelegt, ohne im Voraus zu wissen, ob dieser sie annehmen würde. Das war zwar ein Risiko gewesen, gab mir aber den Freiraum, in aller Ruhe und ohne Zeitdruck zu arbeiten.

Diesmal aber war es anders, denn der Verlag war mit der Anfrage auf mich zugekommen, ob ich nicht über das Thema „Entspannt glauben" (zu dem ich schon eine Andacht verfasst hatte) ein ganzes Buch schreiben wolle. Ich hatte zugesagt und befand mich nun in der Situation, meine Zusage halten zu müssen. Der Verlag hatte mir zwar für den Abgabetermin alle Freiheit gelassen, aber ich fühlte mich trotzdem irgendwie unter Druck.

Interessant, dachte ich, das, was mir vorher eine Lust war, wird mir plötzlich zur Last. Wie kann das sein? Wie kommt es, dass ein und dieselbe Tätigkeit mir das eine Mal mühelos von der Hand geht und das andere Mal Kopfzerbrechen verursacht und zur Qual wird? Wie kommt es, dass aus der Kür eine Pflicht wird?

Je mehr ich darüber nachdachte, desto klarer wurde mir, dass ich mit diesen Überlegungen schon beim Thema des Buches war; meine Kopfschmerzen bescherten mir einen idealen Einstieg! Denn ich entdeckte, dass genau dies die Entwicklung ist, die viele Christen in ihrem Glaubensleben durchlaufen – so auch ich. Als ich mit neunzehn Jahren zum Glauben an Jesus kam, erlebte ich eine fast euphorische Zeit. Ich hatte das – oder eher den – gefunden, nach dem ich mich, ohne es zu wissen, seit meiner Kindheit zutiefst gesehnt hatte: Gott. Oder besser gesagt: Er hatte mich gefunden. Die Erfahrung, dass er sich mir gezeigt hatte als jemand, der an mir interessiert ist, mit mir in Beziehung treten will und sich mir sehr real mitteilt, begeisterte mich total und ließ mich auf rosa Wolken schweben. Alles war neu, alles war leicht, das Leben war schön! Ich erlebte meine ersten Gebetserhörungen, las in der Bibel und erfuhr, dass mir das, was mir zuvor ein Buch mit sieben Siegeln gewesen war, verständlich und zugänglich wurde und lebendig zu mir sprach. Dieses Hoch hielt über einige Wochen an und ich war erfreut über die Tatsache, dass offenbar wirklich „alles neu geworden war", so wie ich es in Gottes Wort gelesen hatte.

Erst später erfuhr ich von der korrekten Übersetzung dieser Textstelle, die da heißt: „Neues ist geworden" (Epheser 2,1), wodurch mir dann einiges klarer wurde. Wenn wir zum Glauben an Jesus kommen, wird nicht automatisch alles neu, jedoch Grundlegendes: Unser Geist, der zuvor durch die Sünde tot war, wird durch Gottes Geist zu neuem Leben erweckt, womit das Fundament zu einer Erneuerung unseres gesamten Seins gelegt ist. Sie geschieht allerdings nicht ad hoc, sondern in einem lebenslangen Prozess. Zunächst war ich also irritiert, als ich nach einiger Zeit wieder unsanft auf dem Boden der Tatsachen aufschlug und sich Altes bemerkbar machte, das ich längst meinte, überwunden zu haben. Also war doch nicht alles neu geworden?! Mein kompliziertes Wesen, alte Probleme und Regungen meldeten sich zurück, die mich alles andere als euphorisch stimmten. Das neue Leben war wohl doch nicht immer leicht und schön, und auch mein neuer Glaube war es nicht mehr. Meine Beziehung zu Jesus, die mich vorher begeistert hatte, überzog sich nach und nach mit einem Grauschleier; Gebetszeiten, in die es mich zuvor magnetisch gezogen hatte, dehnten sich zäh in die Länge und wurden zur Last. Dies wiederum rief in mir Zweifel hervor, ob ich noch auf dem richtigen Weg, ob meine Hingabe an Gott ausreichend war. Verstand ich ihn? Wie konnte ich mir sicher sein, seinen Willen zu kennen? Gott erschien mir plötzlich rätselhaft, unerreichbar und fern, und ich war mir

Mein Glaube wurde zusehends schwierig und mühselig, ohne dass ich genau hätte sagen können, warum eigentlich. Aus der Kür war schleichend eine Pflicht geworden.

überhaupt nicht mehr gewiss, ob er mir zugeneigt war und mich liebte. Vielleicht gab es in meinem Leben noch Blockaden oder Schuld, die mir den Glauben erschwerten und Gott dazu veranlassten, sich von mir zu distanzieren?

Mein Glaube wurde zusehends schwierig und mühselig, ohne dass ich genau hätte sagen können, warum eigentlich. Aus der Kür war schleichend eine Pflicht geworden; man könnte auch sagen: Aus dem leichten Joch war ein schweres geworden. Bei alledem spürte ich sehr deutlich, dass diese Entwicklung nicht die war, die Gott für mich vorgesehen hatte. *Das* konnte es nicht sein! Aber was dann?

1 Abgeschnitten von der Quelle

Um zu erklären, wie ein Christ unter das harte Joch und auf den Weg der Mühsal gerät, muss ich ein wenig ausholen. Keiner von uns wird als Christ geboren. Wir alle sind Heiden, wenn wir das Licht der Welt erblicken: *Denn es ist kein Unterschied, denn alle haben gesündigt und erlangen nicht die Herrlichkeit Gottes* (Römer 3,22b-23). Jeder von uns trägt von Geburt an die Merkmale seines tiefen Falls in und an sich: die Gebrochenheit. Obwohl der Mensch ursprünglich nach Gottes Bild geschaffen wurde, verlor er die Herrlichkeit seiner Ebenbildlichkeit dadurch, dass er der Sünde Raum gab. Was dies bedeutet, beschreibt der katholische Theologe Raniero Cantalamessa, Prediger des päpstlichen Hauses, eindrücklich:

> *Nur die göttliche Offenbarung weiß, was Sünde ist […] Aus sich selbst heraus kann kein Mensch sagen, was Sünde ist, und zwar aus dem einfachen Grund, weil er selbst sich in der Sünde befindet. Alles, was er über die Sünde sagt, kann im Grunde nur ein Palliativ, eine Verharmlosung der Sünde selbst sein. Eine lasche Vorstellung von der Sünde zu haben – hat jemand gesagt –, sei Teil unseres Sünder-Seins. […] Wenigstens dies sollt ihr wissen: dass die Sünde etwas viel Ernsteres, unendlich viel Ernsteres ist, als ich begreiflich machen kann.*[2]

Sünde bedeutet: Abkehr von Gott, Bruch – der Mensch brach mit seinem Schöpfer. Sünde bedeutet Trennung. Als Menschen sind wir Gebrochene, auch in unseren zwischenmenschlichen Beziehungen. Und wir sind uns selbst entfremdet. Unser Grundproblem ist Bindungsverlust. Dort, wo Adam und Eva noch in trauter Zwei- bzw. Dreisamkeit mit Gott wandelten, begannen sie nach ihrem Fall, sich vor Gott und voreinander zu verstecken. Angst, Scham und Schuldgefühle waren nun ihre ständigen Begleiter, wurden Teil ihres falschen Selbst und führten zu einem Leben in permanenter Entfremdung und Trennung.

Der gebrochene Mensch ist abgeschnitten von der Quelle des Lebens: dem Vater der Liebe. Ursprünglich dazu berufen, alles für unser Leben und unser Gedeihen direkt von Gott zu erhalten, finden wir vielfach nicht den Zugang zu ihm. Die Sünde trennt uns vom Segen, von der Lebensfülle und Versorgung, die Gott uns eigentlich zugedacht hatte. Gott hat durch Jesus Christus zwar eine Lösung für dieses Problem bereitgestellt: *Ganz unverdient, aus reiner Gnade, lässt Gott sie vor seinem Urteil als gerecht bestehen – aufgrund der Erlösung, die durch Jesus Christus geschehen ist* (Römer 3,23-24; GNB). Zunächst aber müssen wir feststellen, dass jeder von uns in diesem Mangelzustand zur Welt kommt und prägende Jahre seines Lebens darin verharrt, bis zu dem Zeitpunkt, an dem er sich bewusst Gott zuwendet und sein Versöhnungsangebot in Jesus Christus annimmt – bei mir waren das 19 Jahre.

Eins der größten Probleme des Menschen besteht darin, dass er während dieser prägenden Jahre, auch bei aller menschlichen Liebe, die er (hoffentlich) erfährt, vom liebevollen Zuspruch Gottes abgeschnitten ist. Uns fehlt das „sehr gut" Gottes: *Und Gott sah alles, was er gemacht hatte, und siehe, es war sehr gut* (1. Mose 1,31). Als Gebrochene sind wir geistlich taub; uns fehlt die Bestätigung dessen, der uns allein dieses „sehr gut" vermitteln und zusprechen kann, das wir so existenziell benötigen, um uns selbst als wertvoll erachten zu können. Wir können die zärtliche Stimme nicht mehr hören, die uns zuspricht: „Du bist mein geliebtes Kind. So, wie du bist, mag ich dich. Du bist wertvoll in meinen Augen!"

Stattdessen kennen die allermeisten Menschen das Gefühl von Mangel, Makel und Bedürftigkeit von klein auf. Wir haben immer zu wenig, das spüren wir schmerzhaft. Aus dieser Beobachtung heraus hat der österreichische Angst- und Psychotherapeut Alfred Adler in Bezug auf unsere Verletzlichkeit und Bedürftigkeit gesagt: „Menschsein heißt, sich minderwertig fühlen." Als Christen machen wir zwei Faktoren aus, die für dieses grundlegende Mangelempfinden des Menschen verantwortlich sind: seine grundsätzliche Gebrochenheit durch sein Getrenntsein vom „großen Bejaher" sowie seine Verletzungen und Enttäuschungen auf menschlicher Ebene, die er sich im Laufe seines Lebens zuzieht.

Das Minderwertigkeitsgefühl ist also ein Grundproblem des Menschen und die Basis jeglicher psychischen Störung und Krankheit, einer jeden Beziehungsstörung. Es beinhaltet das Empfinden, nicht liebenswert zu sein. Auch Thomas A. Harris hat das erkannt und schon vor vielen Jahren in seinem Klassiker *Ich bin o.k. Du bist o.k.* thematisiert. Sehnen wir uns nicht alle nach der inneren Gewissheit, dass wir so, wie wir sind, okay und geliebt sind, dass alles mit uns in Ordnung ist und dass uns jemand dieses Okay zuspricht und in seine Arme schließt? Im tiefsten unseres Inneren sind wir uns nämlich überhaupt nicht sicher, dass wir in Ordnung sind; das bestätigt sich in der Seelsorge immer und immer wieder. Da unsere Selbstzweifel aber so unangenehm sind, verdrängen wir sie gern und geben uns bewusst selbstsicher. Wir wollen nicht wahrhaben, wie es in Wahrheit um uns steht. Viele von uns tun im Brustton der Überzeugung kund, dass sie Minderwertigkeitsgefühle nicht kennen. Merkwürdig nur, dass meine Kollegen und ich in unseren Seminaren immer wieder die gleiche Erfahrung machen. Da sollen die Teilnehmer fünf ihrer Schwächen und zehn ihrer Stärken aufschreiben – und was passiert? Die fünf Schwächen sind ruckzuck zu Papier gebracht. Für die meisten stellt es jedoch ein echtes Problem dar, ihre Stärken in den Blick zu bekommen; sie tun sich wirklich schwer damit und müssen erst lange überlegen. Spätestens dann werden diejenigen, die vorher von ihrem starken Selbstbewusstsein überzeugt waren, nachdenklich.

Sehnen wir uns nicht alle nach der inneren Gewissheit, dass wir so, wie wir sind, okay und geliebt sind, dass alles mit uns in Ordnung ist und dass uns jemand dieses Okay zuspricht und in seine Arme schließt?

2 Die Suche am falschen Ort

Woher kommt diese Diskrepanz zwischen unserer Selbstwahrnehmung und der Realität? Auf geistlicher Ebene sicher daher, dass wir von der Quelle abgeschnitten sind. Gleichzeitig sind wir von klein auf schmerzlich mit unserem Mangel konfrontiert. Wir sind umgeben von solchen, die größer, besser, schneller sind als wir. Wir leben in einer Welt, in der „die Großen" etwas gelten, diejenigen, die Leistung bringen, erfolgreich und schön sind. So lernen wir schon sehr früh, dass wir uns etwas einfallen lassen müssen, um mithalten zu können. Wir lernen bereits in frühen Jahren, dass wir etwas dafür tun müssen, um anerkannt und wertgeschätzt zu werden – die Konkurrenz ist schließlich groß, genauso wie unser Mangel.

Ich hatte beispielsweise immer einen großen Bruder vor der Nase, der weitaus erfolgreicher in der Schule war als ich, die ich mich immer nur im Mittelmaß bewegte. Dies war einer der primären Konflikte in meinem Leben. Wie stark mich dieser empfundene Mangel jedoch geprägt hat und bei meinen Problemen eine Rolle spielte, habe ich erst viel später erkannt.

Während „die Sünde" Trennung von Gott bedeutet (genauso wie die Entfremdung von uns selbst und von anderen), kommen nun „die Sünden" ins Spiel. Damit sind Haltungen und Verhaltensweisen gemeint, letztlich unsere Lebens- und manchmal auch Überlebensstrategien, mit denen wir nach dem suchen, was wir durch die Trennung von unserem Schöpfer so schmerzlich vermissen: Segen, Sinn, Glück, Zufriedenheit, Liebe und das Gefühl, wertvoll zu sein. Da es unerträglich ist, mit diesem Mangel zu leben, zielen unsere Strategien im Wesentlichen darauf ab, selbst für die Stillung unserer Bedürfnisse zu sorgen, insbesondere darauf, das Okay der anderen zu bekommen. Im Nachhinein ist mir klar, dass dies auch die Triebfeder für all meine Anstrengungen war. Ich wollte so gut werden wie mein Bruder, ich wollte die gleiche Anerkennung erringen, die er genoss. Unbewusst meinte ich, nur dadurch das Okay der anderen, nach dem ich mich so sehr sehnte, zu erhalten.

Alle unsere Bemühungen, unsere Bedürfnisse woanders als bei Gott zu stillen – selbst in gesundem Maße in von Gott gesegneten Beziehungen –, müssen dazu führen, dass wir sündigen. Wir sind nicht Sünder, weil wir sündigen, sondern anders herum: Wir sündigen, weil wir Sünder sind, weil wir Getrennte und Gebrochene sind. Im Buch Jeremia klagt Gott: *Denn zweifach Böses hat mein Volk begangen: Mich, die Quelle lebendigen Wassers, haben sie verlassen, um sich Zisternen auszuhauen, rissige Zisternen, die das Wasser nicht halten* (Jeremia 2,13).

Aus Zisternen zu schöpfen bedeutet, dass wir unseren Mangel nicht mehr von Gott ausfüllen lassen, sondern von etwas oder jemand anderem. Wenn Gott in unserem Herzen und Leben nicht mehr den Platz ausfüllt, der ihm zukommt, wird etwas anderes automatisch seinen Platz einnehmen, und das können Dinge, Vorstellungen oder Menschen sein. Damit heben wir sie in eine Position, die ihnen nicht gebührt. Unser von Gott losgelöstes Wesen, dieses falsche Selbst, empfängt seine „Nahrung" aus den Zisternen dieser Welt, die vielfältige Namen tragen und uns immer eine Belohnung offerieren, sei es Anerkennung, Reichtum, Schönheit, moralische Überlegenheit oder Macht. Daher geben wir sie auch nicht leicht auf. Unser trotziges und zugleich ängstliches Herz meint nämlich, nicht ohne diese „Gaben" leben zu können, es wird geradezu süchtig danach.

?

Wonach hungerst du verzweifelt? Was meinst du, unter allen Umständen haben, erreichen, darstellen zu müssen? Wonach verbiegst du dich?

Neben dem Bild der Zisterne verwendet Jeremia noch einen zweiten Vergleich:

> *So spricht der HERR: Was haben doch eure Väter Unrechtes an mir gefunden, dass sie von mir wichen und hingen den nichtigen Götzen an und wurden so zunichte […] Denn geht hin zu den Inseln der Kittäer und schaut, und sendet nach Kedar und gebt genau acht und schaut, ob's daselbst so zugeht: ob die Heiden ihre Götter wechseln, die doch keine Götter sind. Aber mein Volk hat seine Herrlichkeit eingetauscht gegen einen Götzen, der nicht helfen kann!* (Jeremia 2,5.10-11; LUT)

Wo immer etwas anderes oder ein anderer an die Stelle Gottes tritt, wird es bzw. er zu einem Götzen für uns. Wir suchen unser Heil dann nicht bei Gott, der Quelle allen Segens, sondern bei materiellen oder ideellen Dingen oder auch bei Menschen, indem wir von ihnen fordern: „Gib mir Bedeutung, gib mir Wert und Lebenssinn! Mach, dass ich mich nicht einsam fühle! Fülle meine innere Leere aus! Sag mir, dass ich okay bin!" Daher wird Götzendienst im Neuen Testament als etwas bezeichnet, bei dem das eigene Ich an die Stelle Gottes gesetzt wird.[3] Denn Gott, der uns Menschen unaussprechlich liebt, lässt unsere Untreue nicht kalt; er reagiert darauf mit Eifersucht (vgl. 1. Mose 20,5). Raniero Cantalamessa schreibt:

> *Beim Menschen ist die Eifersucht immer ein Zeichen von Schwäche [...] Die Eifersucht Gottes ist ein Zeichen von Liebe und heiligem Eifer, nicht von Unvollkommenheit [...] Er weiß, wenn es [sein Geschöpf] sich den Götzen in die Arme wirft, liefert es sich der Lüge und dem Nichts aus. Der Götzendienst in all seinen Formen ist in der ganzen Bibel der schreckliche Rivale Gottes; die Götzen sind die „falschen Geliebten".*[4]

Es zerreißt Gott das Herz, aber er bleibt sich selbst treu. Er hat die Menschen als freie Geschöpfe geschaffen und nun muss er mit ansehen, wie sie sich den Götzen zuneigen und unter das Sklavenjoch von Sünde und Fluch geraten. Er lässt sie ziehen, und was das bedeutet, können nur Eltern ermessen.

Zisternen und Götzen arbeiten immer mit Belohnungen; sie „geben" uns etwas dafür, dass wir uns an sie binden und Sättigung bei ihnen suchen. Sich bei ihnen zu laben, beschert uns immer eine gewisse Befriedigung. Da also unser Gewinn, unsere Belohnung, beträchtlich ist, übersehen wir leicht die Kehrseite. Denn Götzen bieten ihre Dienste nie umsonst an, sondern fordern immer eine Gegenleistung. Wir haben immer einen Preis zu zahlen – den Preis der Unfreiheit. „Wes Brot ich ess, des Lied ich sing", so sagt es ein altes Sprichwort.

Auf unser Thema bezogen bedeutet dies: Wo immer irgendetwas oder irgendjemand für uns zu einem Götzen wird, geraten wir unweigerlich in ein Abhängigkeitsverhältnis. Götzen verlangen immer einen Tribut.

Sobald wir etwas zum Götzen erheben, geben wir ihm Macht in unserem Leben. Wir werden abhängig vom Erfolg, von der Anerkennung anderer, von Materiellem. Wir geraten unweigerlich unter ein Joch der Sklaverei. Wir sind nicht mehr frei: Wir *müssen* uns durchsetzten, wir *müssen* die Aufmerksamkeit anderer erringen, wir *müssen* beruflich Karriere machen, weil wir daraus alles ziehen, was wir zum Leben brauchen. Und noch mehr: Wir nehmen sogar das Wesen dessen an, dem wir dienen, es wird zu einem Teil unserer Identität, einem falschen Selbst. So kommt es dann, dass das Fazit eines Lebens lauten kann: Arbeit war sein Leben, seine Identität – er „war" Arbeit. Die Bibel beschreibt das so: *Denn von wem jemand überwältigt ist, dem ist er auch als Sklave unterworfen* (2. Petrus 2,19b).

Das Joch der Knechtschaft zu tragen, kann Unterschiedliches bedeuten. Es kann bedeuten, dass ich mir keinerlei Fehler erlauben darf, sondern ohne Ausnahme erfolgreich sein *muss*, denn nur dann meine ich, die gewünschte Anerkennung zu bekommen. Dieses Joch kann darin bestehen, dass ich nicht mehr die Wahl habe, ob ich mir das schicke Kleid kaufe oder es bleiben lasse – nein, ich *muss* es haben. Wenn die Aufmerksamkeit oder Nähe eines Menschen für mich zum Götzen geworden ist, dann geht auch hier die Freiheit verloren. Dann kann der andere mir nicht mehr freiwillig Liebe und Aufmerksamkeit geben, dann *muss* er es tun. Dann heißt es nicht mehr: „Es wäre schön, wenn wir diesen Abend zusammen verbringen könnten, und wenn nicht, ist es auch okay", sondern: „Ich erwarte von dir, dass du heute Abend bei mir bleibst!" Aus dem „Du darfst, wenn du willst" ist ein „Du musst" geworden, aus der Kür eine Pflicht. Das bedeutet, dass ich auch den anderen unweigerlich unter mein Joch der Sklaverei bringe.

Ich persönlich kenne dieses Joch mit dem Namen „Du musst!" gut. Von klein auf darauf fixiert, verbissen den Spuren meines großen Bruders zu folgen, bedeutete dies für mich, mich ständig bemühen zu müssen, „weiterzukommen". Das ging so weit, dass ich mit einem Fachbuch in der Hand am Spielplatz saß, anstatt mit meinen Kindern im Sandkasten zusammen eine Burg zu bauen. Schließlich *musste* ich mich weiterentwickeln, um anerkannt zu sein! Hier wird deutlich, dass in vielen Fällen nicht nur wir selbst dadurch einen hohen Preis bezahlen, sondern auch andere – in dem Fall meine Kinder.

Götzen offerieren ihren „Segen“ also nie umsonst – wir bezahlen für ihre „Dienste“ immer einen Lohn: den Preis der Mühsal. Abgöttische Wege sind immer auch mühselige Wege, wie es die folgenden, bereits an anderer Stelle zitierten Verse beschreiben: *Erforsche mich, Gott, und erkenne mein Herz. Prüfe mich und erkenne meine Gedanken! Und sieh, ob ein Weg der Mühsal bei mir ist, und leite mich auf dem ewigen Weg!* (Psalm 139,23-24).

Das im Urtext verwendete Wort für „Mühsal“ hat noch eine zweite Bedeutung, und zwar „Abgott“. Bei Abgöttern oder Zisternen die Befriedigung zu suchen, die wir uns so sehr wünschen, macht uns unglaublich viel Mühe. So war es für mich äußerst anstrengend, immer dem Bild entsprechen zu müssen, das ich verkörpern wollte: die kompetente und erfolgreiche Frau. Götzendienst kostet uns einen hohen Preis und er gibt uns niemals das, was wir wirklich benötigen – wir werden bei unseren Götzen nicht satt. Wie rissige Zisternen nie genug Wasser führen können, um unseren Durst langfristig zu stillen, bieten Götzen nie genug, um unsere Bedürfnisse ganzheitlich zu befriedigen. Sie können unseren Mangel, die Leere, die Einsamkeit, den Schmerz nicht langfristig lindern. Wir schöpfen und schöpfen, trinken und trinken, aber werden dennoch immer durstiger. Um uns wertvoll zu fühlen oder um Liebe zu erlangen, müssen wir uns abmühen, Leistung bringen oder den anderen von unseren Qualitäten überzeugen – immer und immer wieder.

So erlebte ich es auch: Ich hungerte nach der Wertschätzung anderer, arbeitete hart dafür, war aber trotzdem nie zufrieden mit mir. Genauso geht es einem befreundeten Ingenieur. Bei jeder Sprosse, die er auf der Karriereleiter erklimmt, meint er, am Ziel seiner Träume zu sein. Und jedes Mal stellt er fest, dass er immer noch nicht angekommen ist, und es treibt ihn wieder eine Stufe weiter nach oben. Aus Zisternen zu schöpfen ist, im Gegensatz zu einem Leben an einer sprudelnden Quelle, sehr mühselig und unbefriedigend. Außerdem sitzt uns immer die Angst im Nacken, alles Erworbene wieder zu verlieren, sobald wir uns nicht mehr ausreichend anstrengen.

Ich habe schon weiter oben kurz erzählt: Als ich zum Glauben an Jesus kam, schwebte ich zunächst auf rosa Wolken. Neues war geworden, ich hatte den Heiligen Geist empfangen und hatte durch ihn geistliches Leben erhalten. Die Trennung von Gott war überwunden, der Kontakt zu ihm wiederhergestellt. Dieser glückliche Zustand hielt aber nicht lange an, sondern wich schleichend einem Gefühl von innerer Anspannung und Bedrückung. Warum war das so? Wenn wir zum Glauben kommen, legen wir nicht automatisch unser altes Wesen ab. Wir sind durch Christus zwar zu neuen Kreaturen geworden, aber schon Martin Luther soll gesagt haben: „Mit der Taufe hat Gott den alten Adam [den alten Menschen] ersäuft, aber das Biest kann schwimmen!“

Wir meinen, Gott erst dann begegnen zu dürfen, wenn wir den Beweis erbracht haben, würdig zu sein.

Mit unserer Wiedergeburt ist Neues geworden, aber es gibt zunächst durchaus noch Altes, und es abzulegen, erfordert einen lebenslangen Prozess. (Wir werden das an späterer Stelle noch vertiefen.) Das Alte besteht unter anderem in unserer alten Überzeugung, dass wir uns anstrengen müssen, um anerkannt, wertgeschätzt und geliebt zu werden, und so verhalten wir uns nun auch in unserer Beziehung zu Gott. Wir meinen, Gott erst dann begegnen zu dürfen, wenn wir den Beweis erbracht haben, würdig zu sein. Wir glauben, uns unsäglich bemühen zu müssen, um Gottes Zuneigung und Annahme zu erringen. Wir wollen Gott durch unser Wohlverhalten gnädig stimmen; die Angst vor Gottes Strafe oder dem Verlust unseres Heils motiviert uns zu Höchstleistungen. Dazu schreibt Wayne Jakobsen:

> *Ständig jemanden besänftigen zu müssen, ist ein schreckliches Spiel, insbesondere wenn man es mit dem allwissenden und allmächtigen Gott zu tun hat. Obwohl ich nicht im Geringsten daran glaube, dass Gott dieses Spiel spielt, wurde vielen von uns genau das Gegenteil erzählt. Deshalb schwanken wir hin und her zwischen dem Versuch, unser Bestes zu geben, um ihm zu gefallen, und – wenn wir merken, dass wir es nicht können – dem Versuch, uns vor ihm zu verstecken.*[5]

Diese inneren Überzeugungen liegen fast immer unterhalb unserer Bewusstseinsgrenze, daher erkennen wir sie so schwer. Unsere Rastlosigkeit, unsere innere Anspannung und mangelnde Freude – all das kann uns aber den Hinweis geben, dass wir einer Sklavenlogik folgen, nach dem Motto: „Um für meinen Herrn rentabel zu sein, muss ich hart arbeiten."

Als ich anfing, mich mit diesen Dingen zu befassen, merkte ich, dass auch ich mein altes Denken mit in mein neues Leben hineingenommen hatte. Den Druck, den ich mir schon in meinem unfrommen Leben gemacht hatte, die hohen Ansprüche an mich selbst, mein Leistungsdenken – all das hatte ich mitgebracht und es zu allem Überfluss noch fromm verbrämt. Die passenden Bibelstellen, die diese Ansprüche rechtfertigen, findet man immer, wenn man darauf geeicht ist.

Wir alle kennen das Gleichnis vom verlorenen Sohn in Lukas 15, das eigentlich das „Gleichnis von den verlorenen Söhnen" heißen müsste. Da ist zunächst der jüngere Sohn, der sich sein Erbe noch zu Lebzeiten des Vaters auszahlen lässt, es dann verprasst und schließlich reumütig zu seinem Vater zurückkehrt. Der andere Sohn aber, der ältere der beiden, der derweil zu Hause bleibt und seine Arbeit gewissenhaft erfüllt, reagiert bitter, als er mitbekommt, dass der Vater seinen jüngeren Bruder wieder bei sich aufnimmt und gar ein Willkommensfest für ihn ausrichtet. Als sein Vater mit ihm reden will, ist seine Antwort: *Siehe, so viele Jahre diene ich dir, und niemals habe ich ein Gebot von dir übertreten; und mir hast du niemals ein Böckchen gegeben, dass ich mit meinen Freunden fröhlich gewesen wäre* (Lukas 15,29). Dazu schreibt Manfred Lanz:

> *Im Prinzip sagt er damit: „Ich habe jahrelang gearbeitet, war immer gehorsam (keine Ahnung, wie er das schaffte) und habe dabei nie Freude erlebt." Dienen, Gehorsam, Freudlosigkeit – diese Worte beschreiben die Lebenswirklichkeit eines Knechtes, aber nicht die eines Sohnes. […] Wie tragisch! Der Sohn verdurstet quasi an der Quelle.*[6]

Lanz schreibt weiter, dass man vom jüngeren Sohn zum älteren Sohn werden und sogar Anteile beider in sich tragen könne. In einem Fall suche man sein Glück im Genuss, im anderen in religiöser Pflichterfüllung.

In beiden Fällen aber gehe man leer aus. Auch ich ging damals leer aus, das spürte ich deutlich.

Wenn wir in unserem Glauben nicht so recht froh werden, wenn er uns zur Last wird, dann müssen wir uns fragen, ob wir uns nicht unter dem Joch der Sklaverei befinden. Das bedeutet, dass wir unserem Vater im Himmel nicht als Söhne und Töchter begegnen, sondern in der Rolle eines Sklaven. Nicht Gott behandelt uns als Knechte und Mägde, sondern wir verhalten uns ihm gegenüber in dieser Weise, weil unser Denken, Meinen und Glauben Unfreien entspricht. Er verhält sich uns gegenüber nicht als Sklavenhalter, sondern wir verhalten uns und begegnen ihm so, als ob er einer wäre. Unter dem Joch der Sklaverei wähnen wir uns nicht im Vaterhaus, sondern am Arbeitsplatz. Wir sehen Gott nicht als einen Vater, mit dem wir in Liebe verbunden sind, sondern als Arbeitgeber. Ein Sohn, eine Tochter arbeitet freiwillig beim Vater, ein Sklave *muss* seine Leistung bringen, er *muss* sich die Anerkennung seines Herrn verdienen. Je mehr der Sklave leistet, desto wertvoller ist er für seinen Herrn.

Die Knechtsmentalität, welche die Bibel „alter Mensch" nennt, zeichnet sich nicht selten durch eine äußere Anpassung und eine verborgene, innere Rebellion aus:

> *Der alte Mensch lebt in Auflehnung zu seinem Schöpfer, und es wäre ihm sogar am liebsten, wenn er gar nicht existieren würde. […] Der Mensch „begehrt", will bestimmte Dinge, und Gott ist derjenige, der ihm durch seine Gebote den Weg versperrt und sich, indem er fordert „Du sollst" und „Du sollst nicht", den Wünschen des Menschen entgegenstellt.*[7]

Sehen wir Gott als Sklaventreiber, dann können wir ihm nicht gleichzeitig als geliebte Kinder begegnen. Dann unterstellen wir ihm, dass es ihm nur um unsere Arbeit und seinen Profit geht. Dann gehen wir davon aus, dass er sich nicht dafür interessiert, wie es uns geht oder welches unsere Wünsche sind. Dann meinen wir, ihm gehe es nur um unser Tun und nicht um unser Sein, und verhalten uns dementsprechend. Freude, Genuss, Entspannung haben in einer solchen Beziehung keinen Raum: Unser Glaube wird mühselig und freudlos.

Es geht bei dieser Sklavenlogik wie gesagt um Gedanken, die uns in der Regel nicht bewusst sind. Wir werden sagen: „Natürlich geht es nicht um gute Werke. Natürlich lebe ich von der Gnade!" Aber wie kommt es dann, dass unser Glaube so wenig leidenschaftlich ist und dass wir bei unserem himmlischen Vater so schlecht zur Ruhe kommen, dass es uns so selten in seine Nähe zieht? Auch ich hätte nicht für möglich gehalten, wie tief dieses Denken in mir verankert war.

Wenn wir eine Sklavenmentalität haben, gestalten wir unser (Glaubens-)Leben auch gemäß einer Sklavenlogik – biblisch ausgedrückt: gemäß unserer „alten Gesinnung". Wir werden die Bibel immer gemäß unserer inneren Einstellung lesen. Gemäß unserer Überzeugung, gemäß dem, was wir denken, meinen und glauben, hören wir Predigten und legen Gottes Wort aus, über- oder unterbetonen wir bestimmte Aussagen. Wir werden manches verinnerlichen und andres „überlesen" bzw. ausblenden.

Wenn wir eine Sklavenmentalität haben, gestalten wir unser (Glaubens-) Leben auch gemäß einer Sklavenlogik – biblisch ausgedrückt: gemäß unserer „alten Gesinnung".

So ging es mir damals. Ich interpretierte Gottes Reden entsprechend dieser Logik und las die Bibel mit dieser Brille. Beispielsweise war mir lange Zeit alles, was mit „weltlichen Lüsten" zusammenhing, äußert fragwürdig, denn ich fand ja folgende Verse in Gottes Wort: *Legt von euch ab den alten Menschen mit seinem früheren Wandel, der sich durch trügerische Begierden zugrunde richtet. Erneuert euch aber in eurem Geist und Sinn und zieht den neuen Menschen an, der nach Gott geschaffen ist in wahrer Gerechtigkeit und Heiligkeit* (Epheser 4,22-24; LUT).

Doch was stand da wirklich? Was war meine Prägung? Viele von uns kennen das alte, aus dem Pietismus stammende Bild „Der breite und der schmale Weg". Auf dieser Abbildung sehen wir eine breite Straße, gesäumt mit Spielhalle, Theater, Tanzsaal, auf der die Menschen direkt in ihr Verderben rennen. Daneben der schmale Pfad: steil, steinig, nur durch ein enges Tor zu betreten, durch das einige wenige gebückt den Weg finden. Schon als Kind beeindruckte mich dieses Bild, dessen Aussage unmissverständlich ist: „Das Glaubensleben ist mühselig und hart und macht keinen Spaß! Sieh dich nur vor, dass du nicht auf den breiten Weg gerätst und in der Hölle endest!"

Viele Christen sind mit einer solchen Botschaft aufgewachsen, ohne sie jemals hinterfragt zu haben. Folglich betrachten sie alles, was mit Freude, Genuss, Schönheit oder Entspannung zusammenhängt, mit großem Misstrauen, denn sie assoziieren damit jene „trügerischen Begierden", die jeden zugrunde richten, der sich ihnen hingibt. Sie meinen, diese Lüste seien radikal auszumerzen, da sie in einem krassen Gegensatz zu der Gerechtigkeit und Heiligkeit stehen, die wir anstreben sollen. Doch was ist das Resultat? Ein leibfeindlicher Glaube!

Ich fühlte mich beispielsweise schuldig, wenn ich abends einmal fernsah oder ein Glas Wein trank. Erst viel später erkannte ich, dass es einen riesigen Unterschied zwischen „trügerischen Begierden" und „legitimen, gottgegebenen Bedürfnissen" gibt. Ungute Begierden zeichnen sich immer durch ein „Du musst" aus und sind ein Zeichen dafür, dass wir noch aus Zisternen schöpfen und unsere Grundbefriedigung nicht bei Gott gefunden haben. Haben wir sie aber gefunden, unterliegt die Stillung unserer Bedürfnisse keinem Zwang mehr. Ich *darf* mir einen guten Film ansehen oder ein Glas Wein trinken, aber ich *muss* es nicht. Erst, wenn ich abends das Glas brauche, es haben *muss*, weiß ich, dass etwas schiefläuft. Diese Unterscheidung führte mich nach und nach aus der Enge in die Weite.

Der katholische Theologe Henri Nouwen (1932–1996), der international zu den wichtigsten geistlichen Autoren des 20. Jahrhunderts gehört, schreibt dazu:

> *Ich bin fest davon überzeugt, dass alle guten Dinge, die unsere Welt zu bieten hat, für dich da sind, damit du dich an ihnen freust. Aber du kannst dich ihrer nur dann wirklich erfreuen, wenn du sie alle als Bestätigung der grundlegenden Wahrheit auffasst, dass du Gottes geliebter Sohn bist. Diese Wahrheit wird dir die innere Freiheit schenken, die Schönheit der Natur und Kultur voller Dankbarkeit als Zeichen dafür anzunehmen, dass du geliebt bist […] Aber diese Wahrheit wird dich gleichzeitig auch befähigen, das bleiben zu lassen, was dich zerstreut und verwirrt und was das Leben des Geistes in dir gefährdet.*[8]

Wie viele wollen das schwere Joch eines genussfeindlichen und freudlosen Glaubens irgendwann in ihrem Leben loswerden, machen aber den Fehler, das Kind mit dem Bade auszuschütten – sie wollen nichts mehr mit Gott zu tun haben!

Es gibt Christen, die sich folgenden Vers in ihrer Bibel dick unterstreichen: *Bewirkt euer Heil mit Furcht und Zittern!* (Philipper 2,12). Sie versäumen es aber, die darauffolgenden Worte genauso ernst zu nehmen: *Denn Gott ist es, der in euch wirkt sowohl das Wollen als auch das Wirken zu seinem Wohlgefallen* (Philipper 2,13). Ihnen wird ihr Glaube unweigerlich zur Mühsal werden – wie sollte es auch anders sein? Sie werden auf ihr eigenes Machen und Tun fokussiert sein, während sie Gottes gnädiges Wirken in ihrem Leben aus dem Blick verlieren. Sie werden immer wieder „mit Furcht und Zittern" auf ihr Versagen schauen, anstatt auf den herrlichen Gott, der in ihnen „Wollen und Vollbringen" wirken will und wird – wenn sie ihn lassen. Sie werden sich abmühen, anstatt sicher und getrost zu sein, dass Gott sie unterstützt und ihnen hilft. Diese Christen werden mit Sicherheit auch andere Passagen außer Acht lassen, weil sie nicht in ihre Sklavenlogik passen, wie folgende Aufforderung: *Geh hin, iss dein Brot mit Freude und trink deinen Wein mit frohem Herzen! Denn längst hat Gott Wohlgefallen an deinem Tun* (Prediger 9,7).

Gott ist ein Ästhet. Schon eine einzelne Blüte gibt Zeugnis davon, und er hat nicht nur eine erschaffen, sondern Millionen in den unglaublichsten Variationen – Schönheit für nur einen Sommer!

Gott ist ein Ästhet. Schon eine einzelne Blüte gibt Zeugnis davon, und er hat nicht nur eine erschaffen, sondern Millionen in den unglaublichsten Variationen – Schönheit für nur einen Sommer! Der nächste Frühling bringt eine neue Fülle hervor – das zeugt von einem Gott von geradezu verschwenderischer Kreativität! Gott versteht eine Menge von Genuss, wie es das „Hohelied der Liebe" im Alten Testament beweist. Er ist überhaupt nicht leibfeindlich! Wie können wir in Anbetracht dessen meinen, Gott habe keinen Sinn für Genuss und Schönes? Warum sollte Gott eine Welt voller Schönheit und Überfluss erschaffen, wenn wir uns nicht daran erfreuen dürfen? Wie kann es sein, dass er den Menschen mit Milliarden von Sinneszellen ausgestattet hat, wenn er keine Lust, keinen

Genuss empfinden darf? Was antwortet der Vater auf den Vorwurf des älteren Sohnes, er habe nie ein Kalb schlachten und ein Fest mit seinen Freunden feiern dürfen? *Kind, du bist allezeit bei mir, und alles, was mein ist, ist dein* (Lukas 15,31).

Mein Glaube wurde also zu einem schweren Joch, als ich die Bibel nur durch die Brille meines Sklavendenkens las, als Gottes Reden nur durch diesen „Filter" an mein Ohr drang. Diese Art Sklavenjoch kann uns irgendwann in die Knie zwingen. Wenn wir nicht lernen, uns mit unserem ganzen Sein, mit unserem Fragen und Ringen und auch unserer Gebrochenheit Gott zuzuwenden, und die herrliche Freiheit der Kinder Gottes (Römer 8,21) kennenlernen, kann es sein, dass wir irgendwann zusammenbrechen. Solange wir aus Zisternen schöpfen und Götzen dienen, sind wir nämlich nicht frei. Wie schon gesagt: Wes Brot ich ess, des Lied ich sing …

Leider ist es jedoch so, dass viele von uns die alte Leier bis zur bitteren Neige singen und an ihre Grenzen kommen müssen, um ihre Sklavenlogik zu hinterfragen. Dies sind die Hintergründe von so mancher Depression, Panikattacke und von so manchem Burnout. Gott lässt uns die Bedrängnis und Pein unseres Sklavenjochs bis zur bitteren Neige „schmecken". Er bewahrt uns nicht davor, weil er uns liebt, denn er will uns darauf aufmerksam machen, dass wir ein Joch mit uns herumschleppen, das nicht von ihm stammt. Er lässt uns den Tribut zahlen, den unser Götzendienst von uns fordert, damit wir dessen überdrüssig und endlich bereit werden, uns unserem Vater im Himmel zuzuwenden, um uns von ihm berühren, befreien und heilen zu lassen. Bei mir war es so, dass ich erst in eine psychische Krise geraten musste, um aufzumerken, umzukehren und Heilung bei Gott zu suchen. So gesehen kann es ein Segen sein, wenn wir so etwas durchleiden.

Letztlich steht jeder von uns vor der Entscheidung: Wirst du dich weiter aus Zisternen bedienen oder wirst du dich der wahren Quelle zuwenden? Auch Henri Nouwen stellt uns diese Frage:

> *Du stehst ständig vor einer Entscheidung. Die Frage ist: Entscheidest du dich für Gott oder für dein eigenes zweifelndes Selbst? […] Die Grundentscheidung ist: jederzeit darauf zu vertrauen, dass Gott mit dir ist und dir geben wird, was du am*

nötigsten brauchst. Deine Emotionen der Selbstverneinung sagen vielleicht: „Es geht nicht, ich leide noch immer unter derselben Unsicherheit und Angst wie vor sechs Monaten. Ich werde wohl in die alten depressiven Muster des Agierens und Reagierens zurückfallen, ich habe mich nicht wirklich verändert", und so weiter und so fort. Es fällt dir schwer, diese Stimmen nicht zu beachten. Du weißt aber, dass es nicht die Stimme Gottes ist. Gott sagt dir: „Ich liebe dich und ich bin bei dir. Ich möchte sehen, wie du mir näherkommst und die Freude und den Frieden meiner Gegenwart erfährst. Ich möchte dir ein neues Herz und einen neuen Geist geben. Ich möchte, dass du mit meinem Mund sprichst, mit meinen Augen siehst, mit meinen Ohren hörst und mit meinen Händen berührst. Alles, was mein ist, ist dein. Vertrau mir nur und lass mich dein Gott sein.[9]

Wenn wir uns Gott zuwenden und uns gemäß unserer eigentlichen Bestimmung bei ihm sättigen, kann sich unser wahres Selbst entfalten. Das bedeutet gleichzeitig, dass unser falsches Selbst verkümmert, weil ihm seine „Nahrung" entzogen wird. In dem Maße, in dem wir uns aus der Abhängigkeit all dessen lösen, was für uns zum Götzen wurde, wird das drückende Joch von uns abfallen und sich unser neues, wahres Selbst, unsere geistliche Identität, Stück für Stück entfalten. Wie sehr wartet Gott darauf, dass wir des abgestandenen Wassers überdrüssig werden und zu ihm kommen, um überfließendes Leben zu empfangen! Wie sehnt er sich danach, uns von unserer Sklavenmentalität zu befreien, von diesem verkrümmten Selbst, mitsamt seiner Verfehlungen, seiner Mühsal und Angst, seiner Scham und seinen Schuldgefühlen! Jesus ruft uns zu sich, weil er das schwere Joch von unseren Schultern nehmen will. Im Folgenden wollen wir uns mit seiner Einladung befassen, die jedem Menschen gilt und von der keiner ausgeschlossen ist.

Wie sehr wartet Gott darauf, dass wir des abgestandenen Wassers überdrüssig werden und zu ihm kommen, um überfließendes Leben zu empfangen!

Teil 2

Das Joch der Liebe

Kommt her zu mir, alle ihr Mühseligen und Beladenen! Und ich werde euch Ruhe geben. Nehmt auf euch mein Joch und lernt von mir! Denn ich bin sanftmütig und von Herzen demütig, und ihr werdet Ruhe finden für eure Seelen, denn mein Joch ist sanft, und meine Last ist leicht. (Matthäus 11,28)

Die Formulierung „Joch der Liebe" mag in unseren Ohren merkwürdig klingen, sie kommt in der Bibel auch nicht vor. Dennoch habe ich mich für sie entschieden und will es im Folgenden erklären. Durch Jesus wurden wir vom Joch der Sklaverei befreit und dennoch sagt er in dem Vers aus Matthäus, dass auch er ein Joch für uns bereithält, das wir auf uns nehmen sollen. Allerdings versichert er uns, dass diese Last leicht ist.

Im Nachdenken und Forschen darüber, was dieses Joch Jesu bedeuten mag, fand ich hilfreiche Gedanken bei Felix Schlösser, einem katholischen Theologen:

> *Was ist das für ein Joch, das leicht sein soll? Jesus spricht von „seinem Joch" und setzt es ab vom Joch der Thora, dem Joch des Gesetzes; oder besser: der vielen Gesetze der spätjüdischen Zeit, unter deren Last die Menschen niedergedrückt wurden. Die rabbinischen Schriften enthielten, so hat man ausgerechnet, 248 Gebote und 365 Verbote. Diese unterlagen einer komplizierten Auslegung, die sich die Schriftkundigen und diejenigen, die sich im Gesetz auskannten, vorbehielten. Das unmündige Volk dagegen wurde von ihnen als gesetzesunkundig verachtet. Sie ließen die Menschen allein mit den Lasten, die sie ihnen aufbürdeten. Jesus hingegen führt das ganze Gesetz auf die Gottes- und Nächstenliebe zurück. Wenn diese Liebe auch kein Joch bedeutet, so ist sie doch das Allerschwerste, was es zu leben gilt. Dennoch kann es schrittweise gelebt werden, wenn wir auf Jesus schauen.*[10]

Die Liebe ist zwar im eigentlichen Sinne kein Joch, sie ist aber für uns alle schwer zu leben; sie stellt also eine echte Herausforderung und Aufgabe dar und ist daher einem Joch vergleichbar. Als Jesus gefragt wurde, was das wichtigste Gebot von allen sei, antwortete er:

> *Das erste ist: „Höre, Israel: Der Herr, unser Gott, ist ein Herr; und du sollst den Herrn, deinen Gott, lieben aus deinem ganzen Herzen und aus deiner ganzen Seele und aus deinem ganzen Verstand und aus deiner ganzen Kraft." Das zweite ist dies: „Du sollst deinen Nächsten lieben wie dich selbst!" Größer als diese ist kein anderes Gebot."* (Markus 12,29-31)

Dort, wo die Religionen dieser Welt den Menschen Satzungen und Gebote auferlegen, um Gott oder die Götter gnädig zu stimmen, kommt Jesus und macht die Liebe zum Maß aller Dinge. Jedoch hat Felix Schlösser recht, wenn er sagt, dass die Liebe das Allerschwerste sei, was es zu leben gilt. Das kann jeder bestätigen, der es versucht.

Als mir während einer Gebetszeit schmerzlich bewusst wurde, wie wenig ich in der Lage war, wirklich und von Herzen zu lieben, war es, als ob Gott mir zuflüsterte: „Wenn du lieben willst, musst du dich zuerst lieben *lassen*." Gott weiß, wie egozentrisch unser Herz ist. Er weiß, wie wenig wir in der Lage sind zu lieben. Daher hat er für uns Vorsorge getroffen: Er macht den Anfang und liebt uns, noch bevor wir wissen, wie uns geschieht. Wenn wir unser Herz für Gottes Geist öffnen, kann er uns von unserm Knechtsdasein befreien, dieser alten Natur, die zwischen Rebellion und ängstlicher Anpassung hin- und herpendelt:

> *Wenn der Heilige Geist kommt und vom Herzen Besitz ergreift, dann geschieht eine Wandlung. […] Der Geist trägt die Liebe Gottes in das Herz des Menschen (vgl. Röm. 5,5). Auf diese Weise erweckt er gleichsam in ihm einen anderen Menschen, der Gott liebt und gern tut, was Gott ihm gebietet.*[11]

Jesus machte alles an der Liebe fest. Sie ist Dreh- und Angelpunkt all dessen, was er den Menschen vorlebt, vermittelt und von ihnen fordert. Während wir immer wieder ängstlich danach fragen, was wir tun sollen, um Gott zu gefallen, verweist er uns auf die Liebe. Und da er sehr wohl weiß, wie schwer wir uns damit tun, schenkt er uns den Heiligen Geist, der uns in alle Wahrheit leitet, uns Gottes Liebe offenbart und unser Herz mit ihr füllt, sodass auch wir befähigt werden zu lieben. Er ruft uns zu sich, damit er dieses Werk der Liebe in uns vollbringen kann.

4 „Kommt her zu mir!"

Christen haben diese Einladung Jesu, zu ihm zu kommen, verinnerlicht, sie ist ihnen so vertraut, dass sie für ihre Ohren vielleicht sogar banal klingt. Ich habe manchmal den Eindruck, als erscheine uns im christlich geprägten Abendland Gottes Heilsplan als Selbstverständlichkeit, so, als stünde er in unserer Bringschuld. Wie vermessen! Gnade und Erlösung sind keineswegs selbstverständlich! Deswegen ist es heilsam, wenn wir das Evangelium, diese unerhörte Botschaft, immer wieder neu in den Blick nehmen:

Aufgrund der Sünde, der Trennung, ist es dem Menschen unmöglich, Gott zu begegnen. Trotzdem fordert uns Jesus auf, zu ihm zu kommen. Wie kann das sein? Wie sollen wir zu ihm kommen, wenn die Sünde trennend und entfremdend zwischen uns steht? Die Antwort ist, dass Gott etwas, das letztlich unser Problem ist, zu seinem Problem gemacht hat. Er ergreift die Initiative, er schafft die Lösung für unsere Misere. Darin zeigt sich seine unbegreifliche Liebe. Er selbst hat dafür gesorgt, dass die unüberwindbare Trennung der Sünde zwischen ihm und uns Menschen aufgehoben wurde, indem er seinen geliebten Sohn als Opferlamm die Sünde der Welt hinwegtragen ließ.

Wie unglaublich furchtbar die Sünde in Wahrheit ist, können wir ein Stück weit an dem unvorstellbar qualvollen Tod ablesen, den Jesus erdulden musste, um uns von ihrer Macht freizukaufen. Wir entrinnen dem Fluch der Sünde nicht so einfach. Aus unserem von Gott getrennten Zustand können wir nur erlöst werden und uns versöhnen lassen. Es gibt keine leichte Gnade, Jesus hat sie für uns mit seinem Blut erkauft. Wir Menschen brauchen einen Erlöser, einen Heiland, einen Jesus Christus, der den Preis für unsere Sünde und die der Welt trägt. Allein durch sein umfassendes Erlösungswerk können wir unseren mühseligen Weg verlassen und auf den ewigen Weg gelangen, der uns zurück zum Vater bringt – Jesus selbst ist der Weg.

Gnade wird erst dann wirksam, wenn wir in unserem Herzen begriffen habe, dass wir sie wirklich brauchen.

Jesus bittet uns zu sich. Sich ihm zuzuwenden bedeutet Umkehr. Damit gestehen wir vor der sichtbaren und unsichtbaren Welt ein, dass wir erlösungsbedürftig sind. Gnade wird erst dann wirksam, wenn wir in unserem Herzen begriffen haben, dass wir sie wirklich brauchen. Es ist für uns kaum zu fassen, wie leicht Gott es uns macht. Oswald Chambers beschreibt es in seinem Klassiker *Mein Äußerstes für sein Höchstes*:

> *Es gibt auffallend wenige Fragen, auf die es im Leben ankommt, und sie alle finden ihre Antwort in dem Worte: „Kommet her zu mir!" Nicht etwa: „Tut dies und jenes", sondern: „Kommt her zu mir!" […] Jesus Christus macht sich selbst zum Prüfstein. Achte einmal darauf, wie er das Wort „Komm" anwendet. In jenen Augenblicken, in denen du es am allerwenigsten erwartest, vernimmst du das Flüstern des Herrn: „Komm her zu mir!" und du wirst augenblicklich zu Ihm hingezogen. Der persönliche Kontakt mit Jesus verändert alles.*[12]

Wir sollen Jesus nahe sein, wie sonst können wir seine Liebe erfahren, die augenblicklich alles verändert? Jesus lädt jeden von uns ein, zu ihm zu kommen, keiner ist ausgenommen, die Einladung gilt jedem. Doch so einfach diese Aufforderung auch klingt, so schwer tun wir uns damit. Wie oft meiden wir die Nähe Gottes, weil es für uns kaum vorstellbar ist, dass er uns wirklich nahe sein will! Dies gilt nicht nur für Menschen, die keine Christen sind und Gottes Nähe nicht suchen, weil sie nicht an ihn glauben; auch bei uns Christen beobachte ich dieses Phänomen immer wieder. Obwohl Jesus uns davon befreit hat, ist das Denken und Fühlen von uns häufig durch Angst und Schuldgefühle belastet. Das führt zu einer paradoxen Situation: Wir sehnen uns einerseits so sehr nach Nähe, Vertrautheit und dem Okay Gottes und tun andererseits oft doch alles dafür, um ihn uns vom Leib zu halten. So kommt es dann, dass unsere Bedürfnisse nicht gestillt werden können; wir gehen leer aus und bleiben hungrig.

Gott weiß von diesem unserem Dilemma, unserer Flucht und unserer zur gleichen Zeit vorhandenen Sehnsucht nach Nähe. Er weiß, wie ängstlich wir uns vor ihm und voreinander verstecken. Aber auch dafür hat er Vorsorge getroffen: *Auch dich lockt er fort aus dem Rachen der Not, unbeengte Weite ist dein Platz* (Hiob 36,16). Gott lockt uns aus unserem Versteck hervor, in das wir uns zurückgezogen haben, um uns zu schützen. Und darin ist er sehr erfinderisch …

Als ich damals an meine Grenzen stieß, weil mein Sklavenjoch erdrückend wurde, reagierte ich mit Depressionen. Das äußerte sich in Müdigkeit, Hoffnungslosigkeit und einer zunehmenden inneren Isolation, die mich mehr und mehr beunruhigte. Ich konnte mitten unter Menschen sein und fühlte mich trotzdem einsam. Gott schien mir unerreichbar, als habe er sich von mir abgewandt. Ich spürte deutlich, dass ich innere Heilung benötigte, und begab mich in Seelsorge. Gott hatte indes schon einen Ort und Menschen für mich vorbereitet, bei denen ich Hilfe erfahren sollte. Während einer Intensiv-Seelsorgewoche sprach und wirkte Gott in meine Not hinein. Jesus rief mir sein „Komm her zu mir!" entgegen, und ich wandte mich ihm mit all meiner Kraft zu, weil ich begriff, dass hier meine Rettung lag.

Nach und nach offenbarte er sich mir als liebevoller, fürsorglicher Helfer, der mit Wohlwollen und Interesse auf mich blickt. Er berührte mein einsames Herz und ließ mich verstehen, dass er mich nicht verurteilen will, sondern die Hintergründe meiner Nöte kennt und mit mir Erbarmen hat. Gott erforschte meine krankmachenden Überzeugungen und reinigte mich davon. Ich begriff, dass es ihm nicht darum geht, dass ich funktioniere und Leistung erbringe, sondern dass er sich für meine Befindlichkeit interessiert und von mir hören möchte, was ich mir wünsche und was ich brauche. Dadurch erkannte ich aber auch, wie sehr ich mir bisher meine Seligkeit hatte erarbeiten wollen und wie wenig ich dazu bereit war, auf die „Sicherheit" meiner frommen Anstrengungen zu verzichten. Ich erkannte, dass mein Wohlverhalten, meine Treue und Pflichterfüllung, mit denen ich Gott und andere beeindrucken wollte, letztlich zu einer Zisterne geworden waren, an der ich aber verdurstete. Da, wo dieses Rinnsal immer mehr versiegte, war ich gefordert, mich der lebendigen Quelle zuzuwenden. Ich spürte immer deutlicher, dass es genau das war, worauf mich Gott aufmerksam machen wollte. Er hatte diese Entwicklung zugelassen, hatte mich mein Elend „schmecken" lassen, um mich darauf hinzuweisen, dass ich meinen Wert aus Nützlichkeit und Anerkennung bezog und nicht aus ihm.

Nun ist es aber leider so, dass uns unsere Zisternen und Götzen mitsamt ihrer Belohnungen mit der Zeit lieb und teuer werden, sodass wir uns ein Leben ohne sie nicht mehr vorstellen können. Sie werden für uns zu einem kostbaren Schatz, den wir sorgsam hüten und an den wir unser Herz hängen: *Denn wo dein Schatz ist, da wird auch dein Herz sein* (Matthäus 6,21). Wir entwickeln eine Art Liebesverhältnis zu ihnen, und ein wesentlicher Teil von Seelsorge besteht darin, diese Bindungen ausfindig zu machen, zu benennen und zu durchtrennen.

Die Entwicklung einer solchen Bindung ist nur auf dem Hintergrund unserer primären Konflikte zu verstehen, also beispielsweise Konflikten unserer Kindheit. Wie schon beschrieben, bestand ein solcher für mich darin, im Schatten meines erfolgreichen Bruders zu stehen. Auf diese Weise wurden Anerkennung, Lob und Beachtung zu einem mächtigen, götzenartigen Lebensziel für mich. Ich meinte, nur als kompetente und erfolgreiche Persönlichkeit einen Wert zu haben; zu diesem fiktiven Bild entwickelte ich ein Liebesverhältnis, von dem ich mich nun trennen musste.

Leanne Payne, international durch ihre Veröffentlichungen und Seelsorgekonferenzen bekannt, schreibt im Hinblick auf eine Lebensphase, in der sie sich von Gott distanziert hatte und Erfüllung woanders suchte, Folgendes:

> *Als mir an Glauben mangelte, war ich abgetrennt von der Weise, wie das gehorsame Herz Gott sieht und hört, der einzigen Möglichkeit, wie es die gefallenen Geschöpfe tun, durch jene Dinge glücklich zu werden, die Gott geschaffen hat. Das ist genau das, was Gott Götzenverehrung nennt, und nun tat ich von ganzem Herzen Buße.*[13]

Buße bedeutet Umkehr, und nur wenn wir umkehren, sind wir in der Lage, Gott zu hören, ihn zu verstehen und ihm zu folgen. Auch ich musste umkehren, ich musste mich von den Abhängigkeiten, in die ich geraten war, regelrecht lösen und auch von ihnen gelöst werden. Die Entscheidung, Seelsorge in Anspruch zu nehmen, war nicht leicht. So eine Entscheidung bringt nicht selten einen geistlichen Kampf mit sich, denn Götzen verlassen ihr „angestammtes Terrain" nur äußerst ungern; wir werden sie nicht so ohne Weiteres los. Durch meine eigenen und die Gebete meiner Seelsorgerin wurden jedoch alle Verstrickungen nach und nach gelöst. Ich erlangte die Freiheit, mich Gott mit ungeteiltem Herzen zuwenden zu können und nicht mehr um die Anerkennung von

Menschen ringen zu müssen. Gott weiß, wie schwer wir uns von unserem Schatz trennen können, und er wendet viel Zeit und Mühe dafür auf, um die Bereitschaft dafür in uns wachsen zu lassen und unser Herz zu gewinnen. Dabei erspart er uns den Tribut leider nicht, den wir für unseren Herzensschatz und unsere Abhängigkeiten zahlen müssen, und dieser wird über die Jahre immer höher und immer schwerer zu zahlen.

Gott weiß, wie schwer wir uns von unserem Schatz trennen können, und er wendet viel Zeit und Mühe dafür auf, um die Bereitschaft dafür in uns wachsen zu lassen und unser Herz zu gewinnen.

Die Lösung von alten Bindungen geschah nicht von heute auf morgen. Als ich meine falschen Lebensziele nach und nach aufgab, wusste ich aber, dass etwas Neues beginnen würde – anders, als ich es mir erhofft oder gewünscht hatte, aber besser:

> *Du durchlebst eine ungewöhnliche Zeit. Du erkennst, dass du aufgerufen bist, auf das Alleinsein, das Gebet und eine große Einfachheit zuzugehen. Du erkennst, dass du zunächst einmal deine Aktivitäten einschränken musst. [...] Du weißt, dass die Erfüllung deines brennenden Wunsches nach aufrichtiger, enger Freundschaft, anteilnehmendem seelsorglichem Dienst und schöpferischer Arbeit dir nicht das gibt, was du wirklich möchtest. Es ist für dich eine neue Erfahrung, den Wunsch wie seine Unerfüllbarkeit zu empfinden. Du merkst, dass nichts außer Gottes Liebe deinem tiefsten Verlangen entsprechen kann.*[14]

Jesus rief mich in seine Gegenwart – fort von allem, was mich vorher geblendet und in Beschlag genommen hatte –, um mich zu befreien. Vor mir lag ein Prozess, in dem ich so manches neu durchbuchstabieren musste, um es bleibend zu be- und ergreifen.

Es geht immer wieder darum, die grundlegenden Wahrheiten des Wortes Gottes, die uns dabei helfen, endlich zur Ruhe zu kommen und heil zu werden, anzuerkennen und anzuwenden. Jesus ist dieses Wort Gottes. Gottes Wort und sein Geist sprudeln unentwegt frisches, lebendiges und heilsames Wasser hervor und stellen uns alles zur Verfügung, damit wir unsere mühseligen Pfade verlassen und auf dem ewigen Weg das Ziel erreichen können. Es ist allerdings in der Tat ein schmaler, verborgener Weg, den zu finden uns nur gelingt, wenn wir lernen, mit „gespitzten Ohren" den leisen Weisungen des guten Hirten zu folgen. Wenn wir diesen Weisungen Folge leisten, dann wird das drückende Joch der Knechtschaft wie von selbst seine Macht über uns verlieren, es wird gewissermaßen von uns „abrutschen": *Denn ihr habt nicht einen knechtischen Geist empfangen, dass ihr euch abermals fürchten müsstet; sondern ihr habt einen kindlichen Geist empfangen, durch den wir rufen: Abba, lieber Vater!* (Römer 8,15; LUT).

Ins Vaterhaus heimkehren

Jesus ruft uns zu sich, weil er uns den Weg zurück ins Vaterhaus weisen will; er sagt von sich: *Ich bin der Weg und die Wahrheit und das Leben. Niemand kommt zum Vater als nur durch mich* (Johannes 14,6). Jesus will, dass wir in unser geistliches Zuhause zurückkehren, und nur durch ihn können wir es. Hier angekommen sollen wir lernen, nicht mehr als Sklaven, sondern als geliebte Kinder Gottes zu leben, und zur Liebe befähigt werden.

Als seine Jünger ihn darum bitten, sie beten zu lehren, beginnt sein Gebet: „Unser Vater im Himmel". Jesus verweist sie und damit auch uns auf unsere ursprüngliche Bestimmung. Wir sollen uns mit dem Vater im Himmel versöhnen lassen und in sein Haus zurückkehren, damit dort all unser Mangel ausgefüllt werden kann. Hier im Vaterhaus finden wir die Quelle unseres ganzen Glücks, unsere Bestätigung, unsere Versorgung.

Wo auch immer ich in meinem Leben Wiederherstellung erfahren habe, geschah dies, weil ich Jesu „Kommt her zu mir!" ernst nahm, mich an ihn wandte und er mich dann mit dem himmlischen Vater vertraut machte. Für viele ist dieses Kennenlernen ein langer Weg, weil schlechte Erfahrungen mit ihren leiblichen Vätern oder anderen Menschen wie ein Schatten über ihrem Leben liegen. Jesus nimmt sich für diesen Prozess der Annäherung jedoch die Zeit, die wir zur Überwindung unserer Angst und unseres Misstrauens benötigen, denn er weiß, dass wir unser Sklavenjoch nur dann ablegen können, wenn wir den Vater im Himmel erkennen und ihm vertrauen lernen. Christa Bernitz hat die Ambivalenz zwischen Sehnsucht und Angst, die es vielen von uns schwer macht, sich Gott zu nähern, in einem Gebet thematisiert:

Gott, mein Vater
Ich darf dich Vater nennen,
und du nennst mich:
„Mein geliebtes Kind!"
Unfassbar!
„Vater" – ein Wort.
Bilder,
Erinnerungen,
gute, schöne,
auferbauend,
ermutigend,
aber auch verletzend,
Angst machend,
vernichtend.
Deshalb bin ich
ängstlich und
misstrauisch,
deshalb will ich
den Überblick haben,
die Kontrolle behalten.
Dann fühle ich mich sicher.
Es fällt mir schwer,
dir zu vertrauen.
Aber je mehr
du dich mir
zu erkennen gibst,
mein himmlischer Vater,
umso sicherer,
geborgener
und geliebter
fühle ich mich.
Immer mehr
kann ich loslassen
und dir vertrauen.[15]

Der jüngere Sohn aus dem Gleichnis kehrt zum Vater zurück, nachdem er sein Erbe verprasst hat. Erst als er schließlich als Schweinehirt sein Leben fristen muss, geht er in sich und sagt sich:

> *Wie viele Tagelöhner meines Vaters haben Überfluss an Brot, ich aber komme hier um vor Hunger. Ich will mich aufmachen und zu meinem Vater gehen und will zu ihm sagen: Vater, ich habe gesündigt gegen den Himmel und vor dir, ich bin nicht mehr würdig, dein Sohn zu heißen! Mach mich wie einen deiner Tagelöhner!* (Lukas 15,17-19)

Mich tröstet diese Geschichte. Soweit ich es beurteilen kann, trifft der Sohn die Entscheidung, zu seinem Vater zurückzukehren, aus rein pragmatischen Gründen; ich kann keine echte Reue erkennen. Was wäre wohl geschehen, wenn er immer noch genügend Geld in der Tasche gehabt und es sich auch weiterhin hätte gut gehen lassen können? Hätte er dann auch den Heimweg angetreten? Ich glaube eher nicht. Ich denke, es ist schlichtweg sein leerer Magen, der ihn dazu bewegt. Sein Hunger treibt ihn heimwärts. Wie erstaunlich ist doch Gottes Gnade! Wie erstaunlich, dass er sich auf so etwas einlässt! Welchen Druck kann uns diese Geschichte nehmen, wenn wir uns das vor Augen halten! Denn wie oft quälen wir uns mit der Frage, ob unsere Motive und Absichten in Gottes Augen edel und geistlich genug sind? Viele Christen geraten dadurch in einen regelrechten Selbsterforschungsmarathon. Psychologisch ausgedrückt nennt sich das „Selbstbespiegelung". Es gibt jedoch einen riesigen Unterschied zwischen einer gesunden Selbstreflexion, zu der wir durchaus angehalten werden, und einer solchen krankhaften Selbstbespiegelung. Wie tröstlich ist es, hier zu lesen, dass der Vater mit offenen Armen bereitsteht, um seinen Sohn wieder aufzunehmen, ohne nach seinen Beweggründen zu fragen – Hauptsache, er kommt zurück!

Es gibt die unterschiedlichsten Motive, die Menschen zu Gott hin treiben, es kann sogar Angst sein. Doch Gott ist in der Lage, sich alles Mögliche, aber auch Unmögliche zunutze zu machen, sogar unsere Furcht, wie Wayne Jakobsen schreibt: „Ich behaupte nicht, dass an der Gottesfurcht etwas verkehrt ist, sie ist nur unvollständig. Sie ist die erste Sprosse auf der Leiter, in die Fülle Gottes zu kommen. Er sagte selbst, dass die Furcht vor ihm der Weisheit Anfang ist (vgl. Psalm 111,10). Die Liebe ist das Ziel davon."[16]

Jesus ruft uns auch zu sich, weil wir an ihm den Vater erkennen sollen – er sagt: [...] *und wer mich sieht, sieht den, der mich gesandt hat* (Johannes 12,45). Jesus Christus ist der Einzige, durch den ich erfahren kann, wer Gott überhaupt ist: *Er ist das Bild des unsichtbaren Gottes, der Erstgeborene aller Schöpfung* (Kolosser 1,15). Wir brauchen Jesus, um den Vater kennenzulernen und zum Vater zurückzufinden. Wenn wir Jesu Ruf folgen und er uns nach Hause geleitet, beginnt Gott damit, uns sein Vaterherz zu offenbaren. Doch zunächst sind wir ihm entfremdet: Entweder haben wir das Vaterhaus verlassen und sind „bei den Schweinen" gelandet oder wir sind zwar bei ihm geblieben, haben ihm aber gemäß einer Sklavenmentalität gedient; was es wirklich heißt, Sohn oder Tochter zu sein, wissen wir nicht. Es fällt uns schwer „Abba, lieber Vater, lieber Papa, lieber Vati" zu sagen. Auch ich musste mich irgendwann fragen, wie ich eigentlich über Gott dachte. Wer war er für mich? Hatte ich ihn überhaupt schon als liebevollen, wohlwollenden Vater kennengelernt?

Manfred Lanz schreibt über genau so eine Krise:

> *Durch die tiefe Verunsicherung und Infragestellung meiner Person in der Zeit der Krise kamen Bilder über Gott an die Oberfläche, die jahrelang mein Herz unbewusst geprägt hatten: der strenge Vater mit der Rute in der Hand, der fordernde Gott, bei dem nur meine Leistung zählte und dem ich es letztlich nie recht machen konnte, der bedrohliche, unberechenbare Vater, vor dem ich Angst hatte und bei dem ich besser auf Distanz ging, der ferne Gott, der sich nicht wirklich um mich kümmerte und dem es letztlich nicht um mich als Person ging.*[17]

Wie bereits angesprochen, ist es eine wichtige Frage, wie wir über Gott als Vater wirklich denken. In einer Predigt hörte ich letztens von einem Mann, der sagte, er habe fünfzig Jahre lang dafür gebraucht, den Schatten seines gewalttätigen Vaters vom Gesicht Gottes zu wischen. Wie viele verfolgt so ein Schatten ihres gleichgültigen, abwesenden oder entwertenden Vaters oder eines anderen Menschen, der sie geprägt hat?

Wie viele Eigenschaften schreiben wir Gott zu, die in Wahrheit gar nicht zu ihm gehören?

Es ist für viele ein langer Weg, Gott so kennenzulernen, wie er wirklich ist. Unser Herz ist ihm so entfremdet, dass er uns Menschen durch einen Vergleich nahebringen will, wie er ist, nämlich durch das Bild eines Vaters. Eines Vaters wie im Gleichnis von den verlorenen Söhnen – der auf unsere Heimkehr wartet, aber nicht, um uns unser Versagen vorzuhalten oder einen Arbeitsvertrag mit uns zu unterzeichnen, sondern um uns in seine Arme zu schließen und uns zuzusprechen, dass wir von ihm geliebt sind. Wenn wir ins Vaterhaus zurückkehren, sollen wir lernen, als geliebte Kinder bei ihm zu sein.

Wenn uns unser Glaubensleben erschöpft und ermüdet oder sich Überdruss bemerkbar macht, ist es sehr wahrscheinlich, dass wir noch ängstlich an falschen Vorstellungen über Gott festhalten und noch immer das Joch der Knechtschaft schleppen.

Jesus sagt nicht umsonst: *Wahrlich, ich sage euch, wenn ihr nicht umkehrt und werdet wie die Kinder, so werdet ihr keinesfalls in das Reich der Himmel hineinkommen* (Matthäus 18,3). Wir gelangen nicht als Sklaven in Gottes Reich, sondern nur als Kinder. Daher ist es so wichtig, dass wir unser Sklavendasein hinter uns lassen. Wir müssen aufhören, uns unsere Errettung sozusagen rückwirkend erarbeiten zu wollen. Dazu müssen wir aber verstehen, was Gnade ist und was unsere Kindschaft bedeutet. Wenn uns unser Glaubensleben erschöpft und ermüdet oder sich Überdruss bemerkbar macht, ist es sehr wahrscheinlich, dass wir noch ängstlich an falschen Vorstellungen über Gott festhalten und noch immer das Joch der Knechtschaft schleppen. Dann müssen wir es lernen, den Geist der Freiheit in uns wirken zu lassen: *Denn ihr habt nicht einen Geist der Knechtschaft empfangen, wieder zur Furcht, sondern einen Geist der Sohnschaft habt ihr empfangen, in dem wir rufen: Abba, Vater! Der Geist selbst bezeugt zusammen mit unserem Geist, dass wir Kinder Gottes sind* (Römer 8,15-16).

Im Vaterhaus heimisch zu werden bedeutet, dem Geist der Kindschaft Raum zu geben. Als ich irgendwann müde von meinem frommen Eifer und auch von meinen Gebetszeiten war, spürte ich deutlich, dass ich neue Formen finden musste, Gott zu begegnen. Ich musste lernen, Gott nicht länger wie ein Sklave entgegenzutreten. Der Missionar Frank Laubach, der im letzten Jahrhundert lebte, leitet uns dazu an: „Wenn du irgendeiner einschläfernden Form der Andacht überdrüssig bist, hat Gott sie wahrscheinlich genauso satt wie du. Schüttle sie ab [...] Zeit mit dem Herrn zu verbringen ist keine düstere Pflicht."[18]

Wir meinen oftmals, beten bedeutet reden. Aber sind nicht häufig die Zeiten am intensivsten, die wir schweigend mit jemandem verbringen? Ist nicht gerade das entspannte gemeinsame Schweigen ohne jegliches Empfinden von Peinlichkeit ein untrügliches Zeichen für die Vertrautheit und Tiefe einer Beziehung? Das Gleiche gilt auch für die Beziehung zu unserem Vater im Himmel: „Manchmal möchte man mit seinem Sohn sprechen und manchmal möchte man ihn einfach nur still an sich drücken. So macht es Gott mit uns; er will uns still bei sich halten und einfach schweigen."[19]

Die Mystiker nennen dieses Stillewerden bei Gott „das innere Gebet" bzw. „das Ruhegebet". Und weil sie diese Verbundenheit mit dem Vater im Himmel nicht nur auf bestimmte feste Zeiten beschränken, sondern dazu ermuntern, beständig in diesem Bewusstsein der Gegenwart des unsichtbaren Gottes zu leben, wird es auch „Das Anwenden oder das Einüben der Gegenwart Gottes" genannt. Da wir aber so sehr in der sichtbaren Welt verwurzelt sind und auf das, was wir mit unseren Sinnen erfassen, konzentriert, müssen wir dieses Bewusstsein erst trainieren und einüben. Das innere Ausgerichtetsein auf das Unsichtbare, unser Heimischwerden im himmlischen Vaterhaus, ist ein lebenslanger Prozess.

Der bekannte Golfspieler Tiger Woods soll als Kind gefragt worden sein, warum er diesen Sport so gut beherrsche, worauf er kurz und bündig und etwas altklug antwortete: „Practice!" Darum geht es – um Übung. Alles können wir nur dadurch lernen, indem wir es praktizieren. Und alles auf dieser Welt ist erst schwer, bevor es leicht wird. Selbst dieses Üben kann für den Menschentypus, um den es in diesem Buch geht, in Leistungsstress ausarten, aber genau das wäre kontraproduktiv. Wir dürfen das Ruhen in und bei Gott erlernen, allerdings stetig, geduldig und mit einem zuversichtlichen Herzen, weil wir uns der Unterstützung des Heiligen Geistes sicher sein dürfen.

Inmitten einer lauten Welt, in der aus verschiedenen Richtungen ständig auf mich eingeredet wird, wird mein Herz unter dem Einfluss der

Stimme Gottes ruhig, getröstet und ermutigt. Ich habe oft erlebt, dass sich aus diesem Ruhen bei Gott sehr entspannt und mühelos ein Dialog entwickelt. Während mein Herz beim Vater ruhig wird, mitten im Schweigen, höre ich plötzlich sein leises Reden. Je mehr ich es lerne, seine Stimme wahrzunehmen und sie von anderen zu unterscheiden, umso mehr verlieren die dunklen Stimmen in und um mich ihre Macht über mich. Der Theologe Henri Nouwen schreibt über diese Stimmen, denen jeder Mensch ausgesetzt ist:

> *Gott schuf den Menschen, Mann und Frau, als sein Abbild, und er sah, was er gemacht hatte, und siehe, es war sehr gut. Allen dunklen Stimmen zum Trotz können kein Mann und keine Frau das jemals ändern. Auf das eigene Sohnsein setzen ist jedoch keine leichte Wahl. Die dunklen Stimmen der Welt um mich herum versuchen, mich zu überzeugen, dass ich nicht gut bin und nur dann gut werde, wenn ich mir mein Gutsein verdiene, wenn ich es mir auf der Leiter der Leistung und des Erfolgs erarbeite. Diese Stimmen verleiten mich leicht dazu, dass ich jene Stimme vergesse, die mich „mein Sohn, mein geliebter" nennt und mich daran erinnert, dass ich unabhängig von jeglichem Verdienst und jeglicher Leistung geliebt bin. Die dunklen Stimmen übertönen die sanfte, leise, lichtspendende Stimme, die nicht aufhört, mich „geliebt" zu nennen.*[20]

Gottes sanfte Stimme nennt uns „Geliebte" und „Geliebter". Wir dürfen es lernen, diese Stimme der Liebe zu erkennen und auf sie zu hören; sie ermutigt, beruhigt und tröstet uns, baut uns auf und schenkt uns die Bestätigung, die wir als Menschen täglich so nötig brauchen.

Gleichzeitig dürfen wir die Gegenwart Gottes nicht von unseren Gefühlen abhängig machen, denn viele von uns machen fromme Empfindungen zum Indiz für Gottes Nähe. Sind sie erfüllt von positiven Gefühlen, dann meinen sie, Gott sei ihnen nahe, sind sie gedrückter Stimmung, wähnen sie ihn fern. Leanne Payne beschreibt, wie sie nach einer ersten intensiven Gotteserfahrung in ihrer Kindheit genau diesem Fehler unterlag:

Ich werde für diese Erfahrung immer dankbar sein; sie klang noch lange in mir nach. Doch ein Problem entstand daraus. Ich verwechselte die objektive Gegenwart Gottes mit der Erfahrung dieser Gegenwart. Nachdem das Gefühlserlebnis nachließ, versuchte ich es zurückzugewinnen. Als dies natürlich nicht gelang, erreichte ich meine frühen Jahre als Teenager in der Angst, Gott sei nicht länger bei mir, weil ich seine Gegenwart nicht spüren oder fühlen konnte […] Da ich fälschlicherweise annahm, ich hätte mich Gott entfremdet, konnte ich ihn nicht hören.[21]

Sie beschreibt weiter, wie sie aufgrund dieser Fehlannahme jahrelang nach Gott schrie, obwohl er die ganze Zeit bei ihr war, irgendwann aufgab und dann in ihrer Jugendzeit ganz vom Wege abkam. Es folgten Jahre, in denen sie ohne Verbindung zu Gott lebte. Aber Gott verließ sie in all diesen Jahren nicht, sondern blieb an ihrer Seite, denn sie schreibt weiter:

Es kam die Zeit, wo auch ich, gedemütigt und mit mir selbst am Ende, im Gehorsam zu Gott niederkniete. Ich erinnerte mich mit sinkendem Mut an das fruchtlose Ringen meiner frühen Kindheit, mit dem ich versucht hatte, Gott zu begreifen, und betete: „Herr, wenn ich deine Gegenwart auch niemals mehr erleben sollte, wenn ich es niemals bis in den Himmel schaffen sollte, so will ich dir doch dienen. Ich will dir gehorchen, so gut ich es kann." Darauf hatte Gott natürlich nur gewartet.[22]

Wir stehen immer wieder in der Gefahr, nach der Erfahrung, nach dem Geschenk, nach der Empfindung zu suchen und nicht nach demjenigen, der uns das alles schenkt und der uns lehren will, auf seine ermutigende, Orientierung gebende Stimme zu hören.

Auf die richtige Stimme hören

Es gibt viele Stimmen in dieser Welt, die nicht sanft und ermutigend sind, sondern bedrängend und finster. Schenken wir diesen Stimmen Glauben, dann geraten wir unweigerlich auf den Weg der Mühsal und unter das schwere Joch. Es handelt sich dabei um Appelle und Aussagen, die wir oft schon früh in unserem Leben gehört und die sich daher tief in uns eingegraben haben. Sie stehen im Zusammenhang mit negativen Erfahrungen: Versagen, Verletzungen, inneren Konflikten, Demütigungen und Enttäuschungen, kurzum: unserer Gebrochenheit.

Wenn wir diesen dunklen Stimmen lange genug zuhören, dann kann es sein, dass wir sie verinnerlichen; sie werden zu unserem eigenen „zweifelnden Selbst", wie Henri Nouwen es nennt. Daher bezeichne ich diese Stimmen, um die es hier geht, auch gern als „Stimmen der Vergangenheit". Die Psychologie unterscheidet bei diesem „inneren Einreden" noch einmal zwischen dem inneren Kritiker und dem inneren Antreiber. Neben diesen beiden kennen wir aus der Bibel noch eine dritte. Sie stammt aus der unsichtbaren Welt, von dem Feind unserer Seele, der auch „Ankläger der Brüder und Schwestern" genannt wird (Offenbarung 12,10).

Wenn wir diese drei Stimmen unter die Lupe nehmen, dann fällt auf, dass sie sich durch jeweils unterschiedliche Aspekte auszeichnen: Die erste Stimme zieht uns runter, macht uns klein und „arbeitet" mit Scham; die zweite Stimme treibt uns an, sie benutzt unsere Angst; die dritte Stimme verklagt uns und verursacht Schuldgefühle. Scham und Schuldgefühle – letztlich Facetten der Angst – können in einem Menschen regelrechte Bollwerke errichten, die ihn im Gefängnis seines falschen Selbst einkerkern. Alle drei zusammen sind ein unschlagbares, unheiliges Team; sie arbeiten Hand in Hand und spielen sich gegenseitig die Bälle zu.

Der Böse kennt und nutzt die Schwachstellen in Menschen, die unter dem Einfluss von Antreiber und Kritiker stehen – er hängt sich gewissermaßen an die anderen beiden dran. Als Ankläger unterstreicht und verstärkt er die bedrängenden Stimmen in uns und versucht zu erreichen, dass wir uns ausschließlich auf sie konzentrieren und damit taub für die Stimme unseres himmlischen Vaters werden. Heute weiß ich, dass das, was mich damals beunruhigte und antrieb, aus diesen dunklen Quellen stammte. Henri Nouwen schreibt über diese Art von Stimmen:

Sie sind immer da, und immer dringen sie bis an jene Stellen vor, wo ich mein eignes Gutsein infrage stelle und meinen Selbstwert in Zweifel ziehe. Sie suggerieren mir, dass ich nicht geliebt werden kann, ohne das durch bestimmte Anstrengungen und harte Arbeit verdient zu haben. Ich verlasse mein Zuhause jedes Mal, wenn ich den Glauben an jene Stimme verliere, die mich den Geliebten nennt, und den Stimmen folge, die so viele verschiedene Wege anbieten, jene Liebe zu gewinnen, die ich so sehr ersehne.[23]

Im Folgenden wollen wir uns Kritiker, Antreiber und Ankläger näher anschauen:

Insbesondere die Gewissenhaften unter uns gehen oftmals extrem unbarmherzig mit sich selbst um, weil sie fehler- und mängelorientiert wahrnehmen und leben – sie sind geradezu darauf eingenordet. Manchmal können wir uns selbst das kleinste Versagen nicht vergeben, sondern verzeichnen es fein säuberlich auf unserer Mängelliste.

Und genau hier setzt die erste Stimme an, die des inneren Kritikers. Wir können neunundneunzig Prozent einer Sache gut machen, doch wenn uns ein Prozent misslingt, fangen wir schon an, uns zu zerfleischen und selbst zu demontieren: „Du schaffst es ja doch nicht! Du bist nicht so begabt wie andere – lass es besser bleiben. Andere kann Gott gebrauchen, dich nicht! Das, was du für den Herrn tust, reicht nicht aus. Du hast keine Perspektive!“

Diese Anklagen sind nichts anderes als (Un-)Glaubenssätze, die uns runterziehen und entmutigen, sie stammen nicht von dem „großen Bejaher“.

Diese Anklagen sind nichts anderes als (Un-)Glaubenssätze, die uns runterziehen und entmutigen, sie stammen nicht von dem „großen Bejaher“. Sie entsprechen nicht den Verheißungen, die Gott uns gegeben hat. Vielmehr entspringen sie den Selbstzweifeln, mit denen viele von uns ringen, und demontieren systematisch unser Selbstwertgefühl. Perfektionisten sind besonders anfällig für diese Stimme.

Wie sich die Stimme des Kritikers äußern kann, erzählte mir jemand vor einiger Zeit, der im Kundendienst einer großen Firma tätig ist. Er sagte, er fühle sich immer, wenn er im Beisein seines Kollegen mit einem

Kunden telefoniere, äußerst unwohl und ihm gingen unwillkürlich eine Vielzahl beunruhigender Gedanken durch den Kopf: „Was denkt mein Kollege von mir? Sicher fallen ihm die Fehler in meiner Gesprächsführung auf. Bemerkt er meine Unsicherheit? Er würde jetzt bestimmt viel eloquenter reden als ich." Originalton Kritiker! Der Mann kam überhaupt nicht auf die Idee, dass sein Kollege ihn für sein Einfühlungsvermögen und sein Geschick im Umgang mit dem Kunden – das er zweifelsohne besitzt – bewundern könnte! Ich weiß, dass dieser Mann ein kompetenter und versierter Kundenberater ist und sehr geschätzt wird – nur er selbst nimmt das überhaupt nicht wahr.

Wenn Christen die Stimme des inneren Kritikers Gott zuordnen, dann erscheint dieser ihnen als der große, kritische Beobachter, der selbst den kleinsten Fehler sieht und registriert, was dazu führt, dass sie in ihrem Glauben immer wieder unter Druck geraten und sich in seiner Gegenwart nicht richtig entspannen können. Es zieht sie erst gar nicht in Gottes Nähe, sie weichen den „stillen Zeiten" eher aus, anstatt sie zu suchen.

Je stärker der Kritiker an unserem Selbstwertgefühl nagt, umso größer sind die Ansprüche an uns selbst, desto höhere Ziele setzen wir uns, um unseren (vermeintlichen) Mangel damit auszugleichen. Dies ist die Ursache dafür, dass der Menschentyp, von dem hier die Rede ist, oft so leistungsorientiert und gewissenhaft lebt. Viele meinen, besser sein zu müssen als andere, um sich wertvoll fühlen zu können.

Folgende Begebenheit lässt darauf schließen, dass dies auch auf die Jünger Jesu zutraf:

> *Und er kam nach Kapernaum, und als er in dem Hause war, fragte er sie: Was habt ihr auf dem Wege verhandelt? Sie aber schwiegen; denn sie hatten sich auf dem Wege untereinander besprochen, wer der Größte sei. Und er setzte sich, rief die Zwölf, und er spricht zu ihnen: Wenn jemand der Erste sein will, soll er der Letzte von allen und aller Diener sein.* (Markus 9,33-35)

Je kleiner wir uns fühlen, umso größer, besser oder auch heiliger wollen wir sein und umso heftiger wird sich die zweite Stimme, die des Antreibers, in uns bemerkbar machen. Er setzt uns mit seinen Appellen zu: „Sei perfekt! Sei anderen gefällig! Streng dich an! Sei stark! Beeil dich!" Auf unser Glaubensleben übertragen hört sich das dann so an: „Du solltest mehr beten. Liebst du genug? Wann hast du das letzte Mal gefastet? Du solltest mehr evangelisieren. Überprüfe dich, ob es nicht noch verborgene Sünden in deinem Leben gibt! Wie steht es um deinen Gehorsam?“

Wie fühlt man sich unter dem Einfluss solcher Gedanken? In der Regel rufen sie in uns emotionale Reaktionen wie Überforderung, Unruhe und Druck hervor – ein untrüglicher Hinweis darauf, dass es sich nicht um Gottes Stimme handelt. Denn der Vater im Himmel redet gütig zu uns, selbst wenn er uns zur Umkehr leitet. Sogar wenn Gott uns korrigiert oder ermahnt, treibt er uns nie in die Enge.

Denn der Vater im Himmel redet gütig zu uns, selbst wenn er uns zur Umkehr leitet. Sogar wenn Gott uns korrigiert oder ermahnt, treibt er uns nie in die Enge.

Der Dritte im Bunde der „Unheiligen Dreiheit“ ist ebenfalls nicht untätig und wartet geduldig auf seinen Einsatz. Er meldet sich immer dann zu Wort, wenn wir versagen, Fehler machen oder uns dies einbilden; er schlägt in die Kerbe unserer Entmutigung: „Du bist schuldig! So unfähig, sündig und fehlerhaft wie du bist, kannst du vor Gott nicht erscheinen! Du musst mit größerem Eifer an dir arbeiten.“ Auch Gedanken wie: „Du solltest aber …!“, oder: „Warum hast du nicht …?“, oder: „Hättest du nur …!“, stammen vom Ankläger. Er ist es, der uns vorhält, nicht genug zu glauben, zu beten, zu gehorchen; er spricht uns schuldig und verdammt uns. Und er sorgt dafür, dass wir uns selbst verachten, was bei vielen von Selbstablehnung über immer wiederkehrende Selbstverdammnis bis hin zum Selbsthass führt. Unter seinem Einfluss trauen wir uns nicht mehr in die Gegenwart Gottes, fühlen uns bedrückt und ohne Ausweg.

Das Tragische ist, dass wir unter dem Einfluss des Anklägers meinen, uns erst verändern und bessern zu müssen, bevor wir vor Gott treten können. Damit nehmen wir aber Gottes Gnade nicht für uns in Anspruch und schlagen damit auch seine Hilfe zur Veränderung aus. So entsteht ein wahrer Teufelskreis: Wir trauen uns nicht in Gottes Gegenwart, schneiden uns damit von seiner verändernden und erneuernden Hilfe ab, kommen in unserem Erneuerungsprozess nicht weiter und werden durch die daraus resultierenden Schuldgefühle wiederum davon abgehalten, uns Gott zuzuwenden.

Alle genannten Stimmen agieren in der Regel sehr subtil und sind durchweg lügnerisch, listig und destruktiv. Sie veranlassen uns zu einem Denken, Fühlen und Handeln jenseits der „herrlichen Freiheit der Kinder Gottes“ und sorgen dafür, dass wir weiter unser Leben als Sklaven fristen. Sie binden uns mit Angst, Scham und Schuldgefühlen und engen uns ein, sodass wir es versäumen, den uns von Gott zugemessenen Raum einzunehmen und seiner Aufforderung Folge zu leisten: *Mache weit den Raum deines Zeltes, und deine Zeltdecken spanne aus! Spare nicht! Mache deine Seile lang, und deine Pflöcke stecke fest!* (Jesaja 54,2).

Letztlich stellen sie unsere Gotteskindschaft infrage. Wir leben dann nicht gemäß unserer geistlichen Identität, sondern in einem falschen Selbst, einer „in sich selbst verkrümmten“ Persönlichkeit, wie es erst Augustinus und später Martin Luther nannte. Und selbst, wenn wir uns zu großen Taten und guten Werken aufschwingen, sind diese motiviert durch die Angst vor Strafe oder den Verlust des Heils. Wir müssen es lernen, der richtigen Stimme zu vertrauen: der des Vaters.

Es ist wichtig für uns zu verstehen, dass wir mit unserer Wiedergeburt in einen Prozess der Erneuerung, der Heilung und der Wiederherstellung eintreten, in dem Gott sich um den Schaden in unserer Seele kümmert. Dabei müssen wir es lernen, Gottes Stimme zu erkennen, ihr zu vertrauen und zu folgen. Heute weiß ich, dass meine innere Unruhe und Unzufriedenheit, womit ich so lange rang, aus allen drei genannten Quellen gespeist wurde. Diese Stimmen in mir damals als das zu erkennen, was sie waren, nämlich nicht die von Gott, sondern die dunklen Stimmen meiner Vergangenheit und des Feindes, dafür brauchte ich Begleiter und Seelsorger. Mit ihrer Hilfe lernte ich es, all die verwirrenden, antreibenden und anklagenden Stimmen zu entlarven und dorthin zu tragen, wohin sie gehören: an Jesu Kreuz. Gott der Vater will, dass alles Dunkle und Bedrängende in uns zum Schweigen gebracht wird und es seine Macht über uns verliert.

> *Indem du klarer erkennst, dass deine Berufung in dieser Welt darin besteht, Zeuge der Liebe Gottes in dieser Welt zu sein, und indem du diese Berufung entschiedener lebst, werden die Anfechtungen des Feindes zunehmen. Du wirst Stimmen hören, die dir sagen: „Du bist nichts wert, du hast nichts zu bieten, du bist nicht*

attraktiv, nicht erwünscht, nicht liebenswert." Je mehr du Gottes Ruf vernimmst, desto mehr wirst du in deiner Seele den kosmischen Kampf zwischen Gott und dem Bösen spüren. Fürchte dich nicht. Sei umso tiefer überzeugt, dass Gottes Liebe für dich genug ist, dass du in sicheren Händen bist und bei jedem Schritt, den du tust, geführt wirst. Lass dich vom Anstürmen der Dämonen nicht überraschen; es wird sich steigern, doch indem du ihm furchtlos entgegentrittst, wirst du merken, dass es keine Kraft hat.[24]

Im Gegensatz zu allen dunklen Stimmen redet Gott zu uns voller Liebe und Güte, auch wenn er uns zurechtweisen und korrigieren muss: *Oder verachtest du den Reichtum seiner Gütigkeit und Geduld und Langmut und weißt nicht, dass die Güte Gottes dich zur Buße leitet?* (Römer 2,4). Sein Reden führt uns nie in die Enge, sondern in die Weite; es lässt uns immer einen Ausweg offen, in diesem Falle den der Buße. An diesem Merkmal können wir die Stimme des Anklägers von Gottes Reden deutlich unterscheiden. Der Vater nämlich lädt uns ein, so zu kommen, wie wir sind, mitsamt unserer Verfehlungen, Mängel und Makel: *Lasst uns nun mit Freimütigkeit hinzutreten zum Thron der Gnade, damit wir Barmherzigkeit empfangen und Gnade finden zur rechtzeitigen Hilfe!* (Hebräer 4,16). Gott lädt uns ausdrücklich zu seinem Gnadenthron ein, weil er weiß, wie oft wir uns selbst verdammen, und weil er uns von Angst, Schuld und Schuldgefühlen reinigen will und kann.

Gott lädt uns ausdrücklich zu seinem Gnadenthron ein, weil er weiß, wie oft wir uns selbst verdammen und weil er uns von Angst, Schuld und Schuldgefühlen reinigen will und kann.

Als jene bedrängenden Stimmen noch viel Raum in mir hatten und ich immer wieder an meiner Errettung zweifelte, bat ich Gott um Befreiung, denn ich wusste, dass er nur *ein* Wort zu sprechen braucht, damit meine Seele gesunden kann (Matthäus 8,8). Es berührt mich immer wieder, dass Gott sich nicht zu schade ist, auf mich einzugehen – auf meine Unart zu zweifeln und den Glauben kompliziert zu machen. Damals sandte er mir genau das Wort, das mein Herz beruhigen konnte und das mich seitdem begleitet: *Er selbst aber, der Gott des Friedens, heilige euch*

völlig; und vollständig möge euer Geist und Seele und Leib untadelig bewahrt werden bei der Ankunft unseres Herrn Jesus Christus! Treu ist, der euch beruft; er wird es auch tun (1. Thessalonicher 5,23-24). Auch wenn ich mir nicht zutraue, das Ziel wirklich erreichen zu können, ist es *ihm* sehr wohl möglich. Er wird mich vollständig bewahren und ans Ziel bringen, denn er ist treu und steht zu seiner Berufung! Ich werde bis zu seiner Wiederkunft nicht durch meine eigene Kraft und Stärke bewahrt, sondern durch seine, die in mir wirksam ist!

Sich von Gott lieben lassen

Gott ruft uns zu sich, weil er uns liebt und weil er seine Beziehung zu uns vertiefen will. Wir müssen uns die Liebe Gottes nicht erst verdienen, bevor wir uns ihm nähern dürfen. Henri Nouwen schreibt dazu:

> *Als jemand, der auserwählt, gesegnet, gebrochen und hingegeben ist, hast du die Berufung, mit einer tiefen, inneren Freude und einem heiteren Frieden zu leben. Das sind die Kennzeichen des Lebens eines geliebten Sohnes Gottes angesichts einer Welt, die unablässig danach trachtet, dich mit dem Anspruch zu belasten, du müsstest erst einmal beweisen, dass du überhaupt liebenswert seist.*[25]

Dennoch habe ich viele Jahre meines Christenlebens versucht, diesem Anspruch zu genügen. Auch wenn mein Kopf mir sagte, ich sei von Gott angenommen und geliebt, konnte mein Herz das nicht fassen. Wayne Jakobson behandelt dieses Problem in seinem Buch *Geliebt!*. Er schreibt in einem der Kapitel über „Gänseblümchen-Christen“: Wie kleine Kinder zupfen sie Blütenblätter ab und singen dabei: „Er liebt mich. Er liebt mich nicht. Er liebt mich. Er liebt mich nicht“, um herauszufinden, wie Gott zu ihnen steht, etwa in dieser Weise: Ich habe heute eine gute Gebetszeit gehabt – Gott liebt mich! Ich bin von meinem Chef gerügt worden – Gott liebt mich nicht! Ich konnte meiner Nachbarin von Jesus erzählen – Gott liebt mich! Unsere Waschmaschine ist kaputtgegangen – Gott liebt mich nicht! Heute scheint die Sonne – er liebt mich!

Es ist leicht, an Gottes Liebe zu glauben, wenn es uns gut geht. Was geschieht aber, wenn die Dinge nicht so laufen, wie wir es uns vorgestellt haben? Wenn wir berufliche Rückschläge erleben, unsere Kinder uns Kummer machen, wenn wir krank werden oder unsere Ehe in eine Krise gerät? Sind wir uns dann der Liebe Gottes immer noch sicher? Können wir dann immer noch glauben, dass er mit und für uns ist?

Seit meiner tiefen Lebenskrise vor einigen Jahren weiß ich, wie schwer es ist, in solchen Situationen nicht an Gottes Liebe zu zweifeln. Gott führte mich durch diese Krise hindurch und später auch wieder hinaus, jedoch hat er sie mir nicht erspart. Er hat mich in dieser Zeit nicht verlassen, sondern hindurchgetragen und mich dabei Wichtiges gelehrt: Auch Christen können schwere Phasen durchleben, und dies ist kein Zeichen dafür, dass Gott sie nicht mehr liebt oder sie nicht segnet. Es ist auch kein Indiz dafür, dass ihre Krise durch Sünde verursacht wurde, wie der Ankläger uns einzureden versucht. Satan weiß genau, wann wir geschwächt sind, und greift uns dann an.

Ich habe immer wieder erlebt, dass ich genau in den Zeiten „unter Beschuss“ geriet, in denen ich Schmerzen oder Sorgen hatte, es mir körperlich oder seelisch nicht gut ging, ich erschöpft und müde war. Besonders dann hatte ich mit dunklen Stimmen zu kämpfen, mit innerer Bedrängnis, Anklagen, Schuldgefühlen und Unruhe. Auch geistliche Männer wie Elia sind in Lebens- und Glaubenskrisen geraten und zusammengebrochen. Selbst ein David war in großer Bedrängnis, als König Saul ihn aus purem Neid verfolgte und durch ganz Israel jagte, obwohl er sich nichts hatte zuschulden kommen lassen. Er konnte aus Erfahrung sagen: *Vielfältig ist das Unglück des Gerechten, aber aus dem allem errettet ihn der HERR* (Psalm 34,20).

Auch Christen können schwere Phasen durchleben, und dies ist kein Zeichen dafür, dass Gott sie nicht mehr liebt oder sie nicht segnet.

In diesem Vers steht, dass vielfältiges Unrecht nicht nur die Ungerechten trifft, wie wir meinen könnten, sondern auch die Gerechten, also solche, die Gott lieben und ihm dienen. Früher meinte ich, dass den Gerechten kein Unheil treffen könne. Aber das stimmt nicht. Wir können immer wieder beobachten, dass gerade Männer und Frauen Gottes, die er in starkem Maße gebraucht und segnet, gleichzeitig in ganz besonderer Weise „gebeutelt“ werden. So schreibt der Apostel Paulus:

Denn wir wollen euch nicht in Unkenntnis lassen, Brüder, über unsere Bedrängnis, die uns in Asien widerfahren ist, dass wir übermäßig beschwert wurden, über Vermögen, sodass wir sogar am Leben verzweifelten. Wir selbst aber hatten in uns selbst schon das Urteil des Todes erhalten, damit wir nicht auf uns selbst vertrauten, sondern auf Gott, der die Toten auferweckt. Und der hat uns aus so großer Todesgefahr errettet und wird uns erretten; auf ihn hoffen wir, dass er uns auch ferner erretten werde. (2. Korinther 1,8-10)

Gott verhindert nicht immer, dass wir in Bedrängnis geraten, aber er steht uns in der Bedrängnis bei. Nein, Gott erspart uns schwere Zeiten durchaus nicht, und vielleicht ist gerade das ein Beweis seiner Liebe zu uns. Meine Krise hat bewirkt, dass ich mich in noch stärkerem Maße an ihn geklammert habe. Sie hat bewirkt, dass ich mir seitdem noch viel mehr meiner Bedürftigkeit und Abhängigkeit bewusst bin und dadurch Gottes Schutz, Leitung und Nähe intensiver suche als bisher. Sie hat bewirkt, dass ich noch viel tiefer begriffen habe, dass nichts in meinem Leben durch Heer oder Kraft oder durch meine eigenen Fähigkeiten geschieht, sondern allein durch seinen in mir wirkenden Geist.

Gott handelt sehr souverän an uns – seine Gedanken sind so viel höher als unsere – und seine Unterweisung und Erziehung dient dazu, dass wir dies anerkennen und würdigen. Wir sollen lernen, ihm und seiner Liebe zu vertrauen, auch wenn wir ihn nicht immer verstehen. In diesem Sinne schreibt Wayne Jakobsen:

Ich dachte immer, es sei Sünde, von Gott enttäuscht zu sein. […] Inzwischen ist mir jedoch klar, dass das ein wichtiger Teil des Lernprozesses ist. Wenn ich enttäuscht bin, heißt das, dass ich mich in gewissen Dingen über ihn getäuscht habe. […] Im Rückblick sehe ich, dass ich gedacht hatte, dass Gott mein Leben leicht macht, dass er mir alles geben würde, was ich wollte, und mich vor leidvollen Erfahrungen bewahren würde. Aber das war überhaupt nicht Gottes Plan mit mir. Er wollte sich in meinem Leben verherrlichen und mich zu einem Menschen machen, der sein Bild in einer gefallenen Welt widerspiegelt. Deshalb lös-

te er die verschiedenen Probleme selten so, wie ich es wollte, und da ich seine Art mich zu lieben nicht annahm, wurde mein Vertrauen erschüttert. [...] Tatsache ist aber, dass er mich immer vollständig geliebt hat, auch wenn es anders aussieht.[26]

Gott liebt uns Menschen mehr, als wir es uns vorstellen können. Die Bibel erzählt uns von dieser großartigen Liebesgeschichte – vom Werben des großen Bräutigams um seine Braut, von der Liebe Gottes zu uns, seinem Volk:

Anfangs schien es mir seltsam, dass Gott Israel in weiblicher Form ansprach: „Ich mache dich zu meiner Braut auf ewig" (Hos 2,21), aber dann lehrte mich die Erfahrung, dass es wirklich so ist und dass jeder von uns, auch wenn er männlichen Geschlechts ist, vor Gott einer Frau gleicht. Die Kirche ist weiblich, das Volk Gottes ist es auch, und so ist auch mein menschliches Wesen weiblich. [...] Die Spiritualität eines biblischen Menschen ist Passivität, Verfügbarkeit, Klein-sein-Wollen, Dienst, Anbetung – ursprüngliche Charakterzüge der Frau.[27]

Um uns Gottes Liebe zugänglich zu machen, benutzt die Bibel neben dem Bild des Vaters, des Hirten und anderen das des Bräutigams. Sie vergleicht die Beziehung zwischen Mensch und Gott mit der eines Hochzeitspaares. Die Kirche, Gottes Volk, also jeder von uns, ob Mann oder Frau, entspricht nach diesem Bild der umworbenen Braut Gottes, seiner Geliebten. Im Gegensatz und in Ergänzung zu Gottes Maskulinität ist seine Gemeinde feminin. Die ganz große Liebe gibt es eben nur zwischen Braut und Bräutigam. Dazu ein paar grundlegende Gedanken vorweg:

Ein wesentlicher Aspekt unserer Gottesebenbildlichkeit besteht darin, dass jeder Mensch sowohl weibliche als auch männliche Anteile in sich trägt. Die Bibel beschreibt Gott als männliches Wesen: als Vater, als Hirten, als König. Aber Gott hat auch feminine Attribute, wie es die Bilder der tröstenden Mutter oder der Glucke, die die Küken unter ihre Flügel nimmt, widerspiegeln. Und der Heilige Geist ist – so sagen es manche Ausleger – gemäß dem griechischen Urtext männlich und weiblich zugleich.

> *Unser Schöpfer, der alles Wahre und Wirkliche in sich vereint, spiegelt beides wider, das Maskuline und das Feminine, und wir tun das auch. Je mehr wir seinem Bilde entsprechen, desto mehr spiegeln wir das Maskuline und das Feminine in der richtigen Ausgewogenheit wider, das heißt entsprechend unserer geschlechtlichen Identität als Mann oder Frau in verschiedenen Abstufungen.*[28]

Als Gottes Ebenbilder tragen wir Menschen beide Pole der Geschlechtlichkeit in uns. Die Textstelle, die darauf einen Hinweis gibt, finden wir in 1. Mose 27: *Er schuf sie männlich und weiblich*. Das heißt, dass jede Frau neben ihren primären femininen Anteilen auch sekundäre, maskuline Anteile in sich trägt, während der Mann umgekehrt neben seinen primären männlichen Ausprägungen auch weibliche Merkmale hat. Wichtig: Wir tragen zwar beide Anteile in uns, aber das Maskuline des Mannes ist natürlich um ein Vielfaches männlicher als der männliche Anteil der Frau und umgekehrt. Roland Werner greift diese Gedanken im Vorwort zu Leanne Paynes Buch *Krise der Männlichkeit* auf:

> *Maskulin und feminin stehen hier als Symbole für Grundstrukturen innerhalb der Schöpfung und des Willens Gottes. Das Maskuline versteht sie als die Fähigkeit der Menschen (des Mannes und der Frau!) zu initiieren, in Gang zu setzten, zu erforschen und zu gestalten. Das Feminine ist die Fähigkeit, zu hören, zu empfangen, zu antworten. Im Verhältnis zu Gott sind wir in diesem Sinne alle feminin. Auf ihn müssen wir hören, von ihm müssen wir empfangen, auf ihn müssen wie eingehen und antworten, wenn wir leben wollen. Im Verhältnis zur Welt sind wir maskulin, von Gott geschaffen und beauftragt, zu gestalten, zu bewahren, zu erforschen und zu benennen.*[29]

Wenn wir nun Carrettos und Werners Beschreibung des Femininen auf uns wirken lassen – mal ganz ehrlich: Gefällt uns das oder sind wir eher befremdet? Wollen wir im Ernst klein und verfügbar sein? Reizt es uns, passiv zu sein und zu dienen? Ich erinnere mich an eine Teilnehmerin in einem meiner Seminare, die völlig aufgebracht hochging „wie ein

HB-Männchen", weil alles in ihr sich gegen eine solche Vorstellung aufbäumte. Geht es nicht den meisten von uns so, dass es uns viel eher zu den maskulinen Eigenschaften zieht, zum Leiten und Anpacken, zum Aktiv- und Initiativsein? Wollen wir nicht viel lieber etwas bewegen, anstatt zu warten? Verhält es sich wirklich so, dass wir Gott nur als seine Braut begegnen können? Carretto errät unsere Gedanken, denn er schreibt an anderer Stelle:

> *Wenn ihr's nicht glaubt oder wenn es euch befremdet, lest nur die Propheten, dann bleibt euch kein Zweifel. Israels große Schau, die das Alte Testament durchzieht und die Freude des Volkes Gottes ausmacht, ist eben die, dass Gott sein Bräutigam ist. Sie ist seine Kraft und sein Ruhm. Hört doch diese außerordentlichen Worte: „Wie der Bräutigam sich freut über die Braut, so freut sich dein Gott über dich" (Jes 62,5). So stehen die Sachen. So ist es wirklich. Das ganze mystische Leben liegt hierin beschlossen.* [30]

Es ist wichtig, sich diese Zusammenhänge zu vergegenwärtigen, weil wir Gottes Liebe nicht in uns aufnehmen können, ohne unsere femininen Eigenschafen zu bejahen und zu entwickeln – Männer wie auch Frauen. Wir können nur lernen zu lieben, wenn wir uns zuerst lieben lassen, und wir können Gottes Liebe wiederum nur dann empfangen, wenn wir uns ihm zuvor hingeben und öffnen, also über unsere kontemplative, rezeptive Seite. Offenbar hat Gott es für uns so vorgesehen, dass wir auf ihn reagieren sollen, dass unsere Liebesäußerung als Resonanz auf die von ihm empfangene Liebe geschieht. Wir sind nur dann in der Lage zu lieben, wenn wir zuvor die Erfahrung gemacht haben, geliebt zu werden (1. Johannes 4,19).

Wir können nur lernen zu lieben, wenn wir uns zuerst lieben lassen, und wir können Gottes Liebe wiederum nur dann empfangen, wenn wir uns ihm zuvor hingeben und öffnen, also über unsere kontemplative, rezeptive Seite.

Woran liegt es nun, dass die meisten von uns, Männer und Frauen gleichermaßen, das Feminine ablehnen, wie Leanne Payne in einem ihrer Bücher sagt? Es liegt wohl daran, dass wir mit den weiblichen

Eigenschaften Haltungen wie Schwachsein, Minderwertigkeit und Bedürftigkeit assoziieren; all das, was wir nicht sein wollen. Wir wollen nicht abhängig und klein sein, sondern stark und selbstbewusst, und das umso mehr, je intensiver wir unsere Gebrochenheit spüren. Je stärker wir innerlich verletzt sind, umso mehr lehnen wir in der Regel das Feminine ab und idealisieren das Maskuline. Jedoch ist das Weibliche keineswegs schwach: Es ist voller in sich ruhender Kraft und Leben hervorbringender Energie. Es ist die Fähigkeit zum Sein, die Fähigkeit, in sich zu ruhen, präsent zu sein und in dieser Präsenz von innen heraus zu strahlen, zu durchdringen und zu prägen. Wo das Weibliche in gesunder Art und Weise zum Ausdruck kommt, finden andere Heimat, Geborgenheit und Schutz; sie werden genährt, gestärkt und kommen zur Ruhe.

Es hat ernsthafte Auswirkungen, wenn wir unsere feminine Seite vernachlässigen, wie uns die tragische Geschichte von Michal vor Augen führt (1. Samuel 18–19). Sie war die Tochter des ersten Königs von Israel, Saul, und wurde David als Frau unter der Voraussetzung versprochen, dass er hundert Philister besiegte. Eigentlich hoffte Saul, David dadurch loszuwerden, denn er erwartete, dass dieser im Kampf sterben würde. Doch David erschlägt sogar zweihundert Philister, und so wird Michal seine Frau. Zunächst sieht alles sehr Erfolg versprechend für David aus, denn Israel erringt Sieg um Sieg, nachdem Saul ihn zum Heerführer ernannt hat. Dann jedoch wendet sich das Blatt, als Saul ihm diese Erfolge und die Gunst des Volkes neidet und anfängt, ihn zu verfolgen. David muss vor Saul fliehen, und in dieser Zeit gibt dieser seine Tochter einfach einem Mann namens Palti zur Frau.

Nach Sauls Tod fordert David, inzwischen selbst König, Michal zurück, und es wird die herzergreifende Szene beschrieben, wie Palti sie weinend und klagend begleitet, als sie zum Palast Davids zurückgeführt wird (2. Samuel 3,16). Was hatte Michal erlebt? Sie war zum Spielball männlicher Interessen und Intrigen geworden; sie hatte die Erfahrung gemacht, dass Frausein gleichbedeutend mit Ausgeliefertsein ist, mit Hilflosigkeit, der Degradierung zum Objekt. Michal wurde als Frau zutiefst verletzt. Meine Erfahrung ist es, dass Menschen, die sehr verletzt sind, oftmals große Schwierigkeiten mit dem Femininen haben. Später dann wird Folgendes berichtet:

Und David tanzte mit aller Kraft vor dem HERRN, und David war mit einem leinenen Efod gegürtet. So brachten David und das ganze Haus Israel die Lade des HERRN hinauf mit Jauchzen und mit Hörnerschall. Und es geschah, als die Lade des HERRN in die Stadt Davids kam, schaute Michal, die Tochter Sauls, aus dem Fenster. Als sie nun den König David vor dem HERRN hüpfen und tanzen sah, da verachtete sie ihn in ihrem Herzen. (2. Samuel 6,14-16)

Was passiert da? Michal verachtet David in einem Moment, als dieser seine feminine Seite beim Tanz auslebt, nämlich die Fähigkeit, auf Gottes sichtbare Gegenwart – die Bundeslade – zu reagieren und seiner Freude intuitiv und spontan Ausdruck zu geben. David hat offensichtlich überhaupt keine Scheu, sich vor dem ganzen Volk in dieser Weise zu präsentieren. Später hören wir, dass Michal keine Kinder bekommen kann. Kann es sein, dass ihre Sterilität, diese Blockade in ihrer Fähigkeit, ein Kind zu empfangen, etwas damit zu tun hat, dass sie das Feminine ablehnt? Weil sie Frausein nur als Ausgeliefertsein erlebt hat und an dieser Stelle tief verwundet ist? Was wäre für Michal wichtig gewesen? Zunächst sicher, sich einzugestehen, dass sie von Männern verletzt worden ist, aber dann auch, aus der Bitterkeit herauszutreten, bereit zu sein, zu vergeben, und so Heilung zu erfahren.

Menschen, die derart verwundet sind, bekämpfen oft die feminine Seite in sich, die sie mit Schwachsein assoziieren, und leben verstärkt die männliche Seite, jedoch in einer verzerrten Form. Sie verschließen sich und machen sich hart, weil sie Angst vor erneuten Verletzungen haben, sie verwechseln Härte mit Stärke. Wie viele von uns haben Mauern um sich errichtet, weil sie sich schützen wollen, und werden oft erst durch ihre unerträgliche innere Einsamkeit und Leere darauf aufmerksam? Ursprünglich mit dem Ziel, Schutz und Sicherheit vor erneuter Verwundung zu finden, geraten sie in Wahrheit in ein Gefäng-

Ursprünglich mit dem Ziel, Schutz und Sicherheit vor erneuter Verwundung zu finden, geraten sie in Wahrheit in ein Gefängnis, durch dessen dicke Mauern keiner mehr an sie herankommt – nicht einmal Gott.

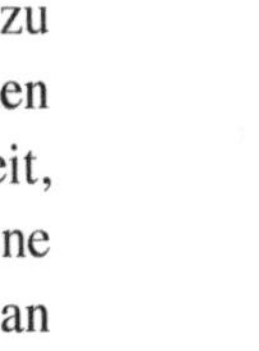

nis, durch dessen dicke Mauern keiner mehr an sie herankommt – nicht einmal Gott. Gerade als Verletzte und Gebrochene bedürfen wir aber der Zuwendung eines starken, mächtigen Gottes, der die Kraft hat, unsere Wunden zu heilen und uns aus unserer Gebundenheit zu befreien. Daher ist es von entscheidender Bedeutung, dass wir uns dort wieder öffnen, wo immer wir uns irgendwann in unserem Leben verschlossen haben.

Um dem auf die Spur zu kommen und herauszufinden, wo unser Herz „dicht gemacht" hat, hilft es manchmal, sein Herz zu visualisieren, es sich vorzustellen. So „sah" eine Frau einmal ihr Herz vor sich als einen tiefen, dunklen Brunnenschacht, der mit einer Platte verschlossen war, das einer anderen sah aus wie das Herz des „eisernen Heinrich" aus dem Froschkönig, das mit drei Eisenringen gesichert war.

Als Seelsorger stellen wir immer wieder fest, dass uns die Frage, warum sich ein Mensch verschlossen hat, in seine Vergangenheit zurückführt, sehr oft hin zu einer belasteten, problematischen Vater- oder Mutterbeziehung. Manche werden hellhörig, wenn sie den Begriff „Vater- oder Mutterwunde" hören. Die Symptome eines verschlossenen Herzen sind vielfältig, in der Regel kennen Betroffene aber immer das Gefühl von Einsamkeit und innerer Isolation.

> *Das Drehen um sich selbst und den eigenen Schmerz, das endlose Suchen nach Erklärungen für schwierige Erfahrungen des Lebens, das Sich-Einrichten in den Symptomen, die somit Ausdruck des eignen Lebensstils geworden sind, oder auch das Stehenbleiben in Verbitterung und Anklage münden meist in eine gewisse Ichhaftigkeit, werden Ausdruck eines „falschen Selbst", wie viele Autoren es bezeichnen. Dadurch wird unsere Beziehungsfähigkeit, mit der wir durch den Schöpfer grundlegend ausgestattet sind, blockiert und zerstört.*[31]

Menschen, die in dieser Weise in sich gefangen sind, verhungern emotional und oft auch geistlich, weil sie keinen, auch nicht Gott, an sich heranlassen. Diese Menschen müssen die bewusste Entscheidung treffen, sich den Menschen – und auch Gott – wieder zuzuwenden. Dafür müssen sie den Entschluss widerrufen, durch den sie sich als Kind verschlossen und von anderen abgewandt haben, wobei folgendes Gebet helfen kann:

„Herr, ich erkenne, dass ich mein Herz für dich und andere Menschen verschlossen habe. Ich bitte dich dafür um Vergebung und entscheide mich dafür, mich wieder zu öffnen. Ich bitte dich darum, dass du mir dabei hilfst. Herr, ich gebe dir meine Angst und bitte dich, mich davon zu befreien; lass stattdessen deine Liebe in mein Herz fließen und hilf mir, die Liebe anderer anzunehmen. Ich vertraue dir, dass du von nun an mein Schutz bist und mich lehrst, mich auf angemessene Weise selbst zu schützen. Amen." Ein solches Gebet, das von einem seelsorglichen Prozess begleitet sein sollte, bewirkt in der Regel erstaunliche Veränderungen hinsichtlich der Liebes- und Bindungsfähigkeit eines Menschen.

?

„Wenn du lieben willst, dann musst du vorher lernen, dich lieben zu lassen", sagt Gott zu uns. Willst du auf Gott warten, ihn suchen, dich ihm hingeben? Bist du bereit, still und bedürftig auf das Gute zu warten, das er dir geben will? Willst du dich öffnen für die Stimme der Liebe? Willst du Gottes Geliebte, seine Braut sein?

Wir können aus unserem Leben mit Gott einen einzigen Akt der Selbstdisziplinierung und Mühsal machen, aber Gott will etwas ganz anderes: Er möchte, dass wir, seine Geliebten, unsere Lust an ihm haben: *Vertraue auf den HERRN und tue Gutes; wohne im Land und hüte Treue; und habe deine Lust am HERRN, so wird er dir geben, was dein Herz begehrt* (Psalm 37,3-4). Ich habe unseren lieben Freund und Mentor, Pfarrer Gottlob Hess, gefragt, was es bedeutet, „seine Lust an Gott zu haben", der daraufhin recherchierte und Folgendes fand:

> *Die Grundbedeutung der deutschen Übersetzung „seine Lust an jemandem, an etwas haben" ist nach Rabbiner Samson Raphael Hirsch in seiner Psalmenauslegung „sich erfreuen, sich laben, sich verwöhnen" – es geht um den „Genuss eines in stiller Begrenzung zu findenden Behagens" – „dass du mit deiner Freude bei Gott bleibst" – „finde nur an solchen Freuden Freude, mit denen du nicht vor Gott zu erröten brauchst" – „so wird die Erfüllung deiner Wünsche nicht ausbleiben" (vgl. auch Psalm 36,9). S.R. Hirsch übersetzt also: „Suche dir Wonne bei Gott, so gibt Er dir deines Herzens Wünsche."*

Neulich, am frühen Morgen, hörte mein Mann in seinem Herzen – er war noch halb im Schlaf – deutlich und eindringlich eine Stimme, die ihm zusprach: „Vergiss die Freude nicht!“ Es scheint Gottes großes Anliegen zu sein, uns daran zu erinnern, dass wir seine Gegenwart genießen, ja, feiern sollen. Gott ruft uns zu sich, damit wir uns an ihm und seiner Liebe erfreuen, und um uns gleichzeitig gewissermaßen als Modell zu dienen, durch das wir lernen, in gleicher Weise zu lieben. Mehr und mehr sollen wir nah bei ihm die Eigenschaften und Verhaltensweisen entfalten, in denen sich Jesu Liebe kristallisiert.

5 „Lernt von mir!"

Jesus ist unser großes Vorbild. Wir sollen sein Wesen immer mehr annehmen, ihm ähnlicher werden. Die Tugenden, die wir von ihm lernen sollen, bestehen in Demut und Sanftmut, denn diese machen ihn zutiefst aus, wie wir in Matthäus 11 lesen (*denn ich bin sanftmütig und von Herzen demütig*). Es geht dabei um Eigenschaften, die untrennbar zusammengehören und die Jesu Wesen in besonderem Maße charakterisieren:

> *Die Sanftmut ist das Gegenteil von allem Harten, Bitteren und Scharfen. […] In der Schrift wird die Sanftmut sehr oft zugleich mit der Demut genannt, weil diese als innere Stellung der Seele die Quelle ist, aus der die Sanftmut entspringt. […] Das Beispiel Jesu lehrt uns, dass nicht Sünde uns demütigen muss. […] Gnade brauchen wir, nicht Sünde, um uns demütig zu machen und zu erhalten. Die mit Früchten am schwersten behangenen Zweige beugen sich am tiefsten. […] Je näher eine Seele ihren Gott kennt, desto mehr fühlt sie vor seiner majestätischen Gegenwart, wie klein sie ist. Hierdurch allein wird es uns möglich, andere höher zu achten als uns selbst.*[32]

Im Folgenden soll es darum gehen, wie wir diese Eigenschaften konkret in unserem Leben umsetzen und einüben können – und so Ruhe für unsere Seelen finden. Dabei kommt dem Betrachten der Persönlichkeit Jesu Christi eine große Bedeutung zu, denn hierin liegt ein Geheimnis: *Wir alle aber schauen mit aufgedecktem Angesicht die Herrlichkeit des Herrn an und werden so verwandelt in dasselbe Bild von Herrlichkeit zu Herrlichkeit, wie es vom Herrn, dem Geist, geschieht* (2. Korinther 3,18).

Es hat eine Auswirkung, wenn wir uns mit Jesus befassen und damit, wie er mit den Menschen umging. Es hinterlässt in uns Spuren, wenn wir uns mit seinem Wesen und Wirken, seinen Eigenschaften beschäftigen: Wir werden verwandelt, wir werden nicht bleiben, wie wir sind. Wir nehmen mehr und mehr seine Verhaltensweisen, seinen Charakter an, unsere wahre, geistliche Identität kommt Stück für Stück zum Vorschein. Seine De-Mut und seine Sanft-Mut verwandeln unser Wesen und lassen auch unseren Mut wachsen, um zu den Menschen zu werden, die wir sein sollen und die wir in seinen Augen bereits sind. Denn um unser ängstliches, zweifelndes Selbst ablegen und in unsrem wahren, geistlichen Selbst leben zu können, brauchen wir in der Tat Mut – wie wir noch sehen werden.

Wir sollen von Jesus lernen, und wie könnte dies besser gelingen als in seiner unmittelbaren Nähe? Ich habe mich immer gefragt, was genau Jesus damit meint, wenn er seinen Jüngern so inständig nahelegt, „in ihm" zu bleiben, wie wir es im fünfzehnten Kapitel des Johannesevangeliums nachlesen können. Was bedeutet das genau? Wie kann ich sicher sein, *in* ihm zu sein? Woran kann ich erkennen, dass ich in ihm bin oder aber nicht? In dieser Zeit fiel mir das Buch *Nach Jesu Bild* des Theologen Andrew Murray, einem der großen geistlichen Denker des 19. Jahrhunderts, in die Hand. Hier fand ich Ausführungen über Sanftmut und Demut und eine verständliche Antwort auf meine Fragen. Er bezieht sich in seinen Ausführungen auf folgenden Vers: *Wer sagt, dass er in ihm bleibe, ist schuldig, selbst auch so zu wandeln, wie er gewandelt ist* (1. Johannes 2,6). Murray erläutert diesen Vers folgendermaßen:

Seine De-Mut und seine Sanft-Mut verwandeln unser Wesen und lassen auch unseren Mut wachsen, um zu den Menschen zu werden, die wir sein sollen und die wir in seinen Augen bereits sind.

> *Wer danach verlangt, in Jesus zu bleiben, muss also wandeln, wie er gewandelt hat. […] Nur, wenn dies unser Ziel ist, wird uns die Notwendigkeit einer inneren Verbindung mit Jesus völlig bewusst; nur dann kann der himmlische Geber die Fülle seiner Gnade über uns ausgießen, weil er sieht, dass wir sie dazu benutzen wollen, wozu er sie bestimmt hat.*[33]

Harte Worte! In Jesus zu sein bedeutet demzufolge, so zu leben, so zu denken und zu empfinden, so zu agieren und reagieren wie er! Es bedeutet, die Menschen mit seinen Augen zu sehen und in der gleichen Herzenshaltung mit ihnen umzugehen, wie er es tat. Wie soll das aber gelingen? Wenn das wirklich die Voraussetzung ist, in ihm zu bleiben, dann können wir ja gleich einpacken! Rührt nicht gerade von diesem Anspruch der große Druck und Stress im Glauben, dem wir oft unterliegen?

Als ich vor Jahren mit der Unmöglichkeit konfrontiert war, jemandem zu vergeben, war ich über mich selbst tief erschüttert. Die Person, um die es ging, hatte mich hintergangen und mein Vertrauen missbraucht, und ich spürte eine tiefe Enttäuschung, ja, einen großen Hass in mir – Empfindungen, die ich in dieser Weise und Intensität zuvor noch nie gehabt hatte. Mir war bewusst, dass Jesu Wesen in seiner Vergebungsbereitschaft aufleuchtet – eine Facette seiner Sanftmut und Demut – und dass diese von mir an dieser Stelle gefordert war. Ich wusste, dass ich vergeben musste, um mich nicht selbst zu vergiften und meine Umgebung gleich mit, wovor Gottes Wort uns warnt: *und seht darauf, dass nicht jemand Gottes Gnade versäume; dass nicht etwa eine bittere Wurzel aufwachse und Unfrieden anrichte und viele durch sie unrein werden* (Hebräer 12,15; LUT).

Ich war wirklich erschrocken über meine verurteilende Härte und die Wucht meiner Verbitterung, aber noch viel mehr über die Erkenntnis, dass ich im Grunde gar nicht vergeben wollte. Ich wollte diesen Menschen hassen! Ich wollte meine Empörung nicht loslassen, ich hatte schließlich ein Recht darauf, ja, ich wollte sie auskosten! Wieder half mir Murrays Buch weiter. In immer neuen Beschreibungen gelingt es ihm nämlich, dem Leser Jesu Persönlichkeit und die Vollkommenheit seines Charakters vor Augen zu malen und wahrhaft begehrenswert zu machen. Aus verschiedenen Perspektiven beschreibt er Jesu Schönheit, die in seiner Güte, seiner Demut und Sanftmut, seinem Erbarmen und seiner Geduld zum Ausdruck kommt und aufleuchtet. Je mehr ich mich beim Lesen mit Jesu Persönlichkeit beschäftigte, desto mehr wurde mir auch bewusst, wie viel Erbarmen er mir seit jeher erwiesen hat, indem er mir immer und immer wieder meine Verfehlungen, meine Lieblosigkeiten und Versäumnisse vergeben hat. Mir wurde klar, wie existenziell ich darauf angewiesen bin, dass Jesus mir immer wieder aufs Neue verzeiht, mir meine Sünden nicht mehr vorwirft, sondern sie in den Abgründen des Meeres versenkt. Gleichzeitig erkannte ich, dass ich auch menschlicher Vergebung zutiefst bedarf, denn wie oft werde ich an anderen schuldig! Wie sehr bin ich darauf angewiesen, dass meine Mitmenschen mit mir nachsichtig umgehen, nicht schlecht über mich denken und reden, sich nicht von mir abwenden oder Gleiches mit Gleichem vergelten!

Als ich mich damit beschäftigte, wie oft ich selbst schon menschliches und göttliches Erbarmen erfahren hatte und immer wieder aufs Neue benötigte, war ich zutiefst berührt. Und nicht nur berührt, ich war auch beschämt, weil ich erkannte, wie viele Menschen mir ihre Zuneigung, Freundschaft und Liebe schon bewiesen hatten, und zwar durch ihre Bereitschaft, mir zu verzeihen und mich anzunehmen, wie ich bin. Im Nachsinnen darüber wuchs in mir das Verlangen, genau wie Jesus und sie bereit zu werden, jenen Menschen, der an mir schuldig geworden war, aus meiner Anklage zu entlassen.

Ich rief Jesus um Hilfe an, denn ich spürte deutlich, dass ich hier an meine Grenzen stieß. Ich bat: „Herr, ich will, hilf meiner Unwilligkeit!" Eine solche Bitte hört Jesus liebend gern, und er eilte mir zur Hilfe! Er befreite mich von meiner Härte und löste sie nach und nach auf, mein Herz wurde wieder weich, ich konnte es regelrecht spüren. Meine Verbitterung zerschmolz wie Schneereste an einem milden Frühlingstag. Das Ganze zog sich allerdings über einige Wochen und Monate hin. Wir können solche Prozesse nicht abkürzen, sondern sollen auch hier geduldig mit uns selbst sein und uns die Zeit lassen, die Jesus für sein Wirken in uns benötigt.

Schließlich wusste ich, dass „das Werk vollbracht war" – doch nicht durch meine Anstrengung. Ich hatte in sehr konkreter Weise erfahren, dass im Schauen und Warten auf Jesus die verborgene Kraft liegt, harte und bittere Herzen zu erweichen. Es ist die Erfüllung der uralten Verheißung, die in Jesus und in der Ausgießung des Heiligen Geistes in unsere Herzen zur Realität geworden ist: *Und ich werde ihnen ein Herz geben und werde einen neuen Geist in ihr Inneres geben, und ich werde das steinerne Herz aus ihrem Fleisch entfernen und ihnen ein fleischernes Herz geben* (Hesekiel 11,19). Immer wieder geht es darum, auf Gott zu warten, und nichts fällt uns schwerer als das.

Sich zu ihm setzen und einfach sein

Es gibt ein kleines Büchlein von dem bekannten chinesischen Prediger Watchman Nee, in dem er anhand des Epheserbriefes ein grundlegendes Prinzip unseres Glaubens erklärt; das Buch heißt *Sitze, wandle, stehe*. Schon der Titel macht neugierig, denn normalerweise halten wir eine andere Reihenfolge für sinnvoll.

Zunächst erklärt Nee dem Leser, was es mit dem Sitzen auf sich hat, und bezieht sich dabei auf folgende zwei Bibelstellen:

> *der Gott unseres Herrn Jesus Christus [...] setzte ihn zu seiner Rechten in den himmlischen Örtern, über jedes Fürstentum und jede Gewalt und Kraft und Herrschaft und jeden Namen, der genannt wird, nicht allein in diesem Zeitalter, sondern auch in dem zukünftigen.* (nach Epheser 1,17.20-21; GNB)

> *[...] und hat uns mitauferweckt und mitsitzen lassen in den himmlischen Örtern in Christo Jesu [...] Denn durch die Gnade seid ihr errettet, mittelst des Glaubens; und das nicht aus euch, Gottes Gabe ist es; nicht aus Werken, auf dass niemand sich rühme.* (nach Epheser 2,6.8-9; GNB)

Der Vater lässt seinen Sohn zu seiner Rechten sitzen, und er lässt auch uns, seine Kinder, dort mitsitzen in der Himmelswelt. Gott lädt uns ein, mit Jesus zusammen an seiner Seite Platz zu nehmen.

> *Das christliche Zeitalter begann mit Christus. Wir lesen, dass, nachdem er die Reinigung von den Sünden vollbracht hatte, „er sich zur Rechten der Erhabenheit in den Himmelshöhen gesetzt hat" (Hebr. 1,3). Ebenso wahr ist es, dass unser persönlicher Glaube damit beginnt, dass wir uns im Glauben als die bei ihm „Sitzenden" erkennen. Die meisten Christen begehen den Fehler, mit dem Wandeln zu beginnen. Die biblische Reihenfolge ist aber gerade umgekehrt. Unser natürlicher Verstand sagt uns, dass wir ohne zu wandeln das Ziel nicht erreichen können. [...] So widersinnig es klingen mag, so ist es*

dennoch wahr, dass wir im Christenleben nur dann vorwärtskommen, wenn wir in erster Linie lernen, uns zu setzen.[34]

Wir sollen beim Vater sitzen, oder anders ausgedrückt: Wir sollen mit ihm zusammen sein, in Liebe mit ihm verbunden, bei ihm verweilen, es uns bei ihm gut gehen lassen, bei ihm zur Ruhe kommen und auftanken.

Obwohl Gott uns einlädt, neben sich Platz zu nehmen, fällt es uns oft unendlich schwer, dieser Einladung Folge zu leisten. Denn viele von uns sind lieber in Bewegung, als sich in den Ruhemodus zu begeben; es fällt uns nicht leicht, vom Tun zum Sein zu kommen, zum Einfach-nur-da-Sein.

Im Folgenden werde ich „sitzen" in diesem Sinne verwenden. Obwohl Gott uns einlädt, neben sich Platz zu nehmen, fällt es uns oft unendlich schwer, dieser Einladung Folge zu leisten. Denn viele von uns sind lieber in Bewegung, als sich in den Ruhemodus zu begeben; es fällt uns nicht leicht, vom Tun zum Sein zu kommen, zum Einfach-nur-da-Sein. Einfach *sein* oder *einfach* sein – wir können es so oder so hören, beides ist wichtig, beides hat seine Bedeutung.

Fangen wir mit dem Ersten an, im Sinne von „einfach da sein". Wir müssen regelmäßig an den Ort unserer Verankerung zurückkehren und dort verweilen. So wie Maria zu seinen Füßen oder Johannes an seiner Brust sollen wir bei Jesus sein, einfach nur bei ihm verweilen, ohne Ziel und ohne Absicht. Bruder Lorenz, ein einfacher Mönch, der im Frankreich des 17. Jahrhunderts lebte, beschreibt, worum es geht:

Viele kommen in der christlichen Reife nicht voran, weil sie an Bußübungen und besonderen geistlichen Übungen festhalten, dabei aber die Liebe zu Gott vernachlässigen. […] Wir haben nichts anderes zu tun, als Gott zu lieben und uns an ihm zu erfreuen. […] Ich habe alle Formen geistlicher Übungen und fester Gebete aufgegeben, zu denen ich durch meinen Stand verpflichtet bin. Meine einzige Aufgabe ist es nun, in seiner heiligen Gegenwart zu verharren. Dies tue ich durch schlichte und liebevolle Hinwendung zum Herrn […] Wäre ich ein Prediger, würde ich vor allem die Übung predigen, in der Gegenwart Christi zu bleiben.[35]

Vielen von uns ist überhaupt nicht bewusst, wie unruhig und getrieben sie in Wahrheit sind, kaum fähig, sich zu „setzen". Manchmal können wir diese Tatsache erst dann wahrnehmen, wenn wir wirklich einmal Leerlauf haben und es nichts zu tun gibt. Solange unser Terminkalender gut gefüllt ist, geht es den meisten von uns gut. Aber was passiert, wenn ein Termin plötzlich ausfällt, den man fest eingeplant und auf den man sich vorbereitet hat? Oder ein Treffen abgesagt wird, auf das man sich gefreut hatte – und plötzlich steht man vor einem freien Wochenende; alle anderen haben etwas vor, nur man selbst hängt in der Luft? Was ist, wenn plötzlich und unerwartet Freiräume in der Agenda entstehen? Manch einer kann sich darüber freuen, aber längst nicht jeder. Für viele ist die Welt in Ordnung, solange Action angesagt ist, aber wehe, es ist nichts los! Nicht wenige erleben die unguten Gefühle, die eine solche Situation mit sich bringen kann, nur deshalb nicht, weil sie sie permanent vermeiden.

? Was passiert mit und in dir, wenn du allein mit dir und mit Gott bist und bei ihm völlig „unnütz" und zweckfrei „sitzt"? Mit welchen Empfindungen bist du dann konfrontiert? Welche Ängste, Befürchtungen, welche Unruhe macht sich dann bemerkbar?

Anselm Grün schreibt: „Man muss erst langsam lernen, sich dem Wirken Gottes zu überlassen. Allzu leicht wird man weiter selbst sein Leben und seine Praxis planen. Man misstraut aller Passivität, aus Angst, die Zügel aus der Hand zu geben."[36]

Ich kenne Zeiten, in denen ich in einer solchen Situation nervös wurde. Anstatt mich über die unverhoffte freie Zeit zu freuen und sie für mich zu nutzen, fing ich plötzlich an, „am Rad zu drehen". Ich verspürte dann eine große innere Unruhe, konnte mich nicht entspannen und suchte förmlich nach Arbeit. Irgendwann stellte ich mir die Frage, warum ich mich so verhielt. Was beunruhigte mich? Nach und nach wurde mir klar, dass ich den Anspruch an mich hatte, meine Zeit sinnvoll und möglichst für den Herrn zu nutzen. Und nun überkamen mich Schuldgefühle, die ich mit meinem Rödeln zum Schweigen bringen wollte. Mir kam gar nicht in den Sinn, dass Gott persönlich meinen Zeitplan über den Haufen schmiss. Er gönnte es mir – im Gegensatz zu mir selbst –, dass ich diese

Zeit nach meinem Belieben füllte. Das Maß an Freizeit, das ich mir selbst zugestand, war offenbar knapper bemessen als das Maß, das Gott für mich vorsah. Irgendwann merkte ich, dass ich weder mit meinem unruhigen Herumlaufen und Tun noch mit meinen Schuldgefühlen an meiner Situation etwas veränderte. Ich war weder nützlich für den Herrn noch profitierte ich selbst davon – also konnte ich es auch bleiben lassen. Ich lernte nach und nach – und bin noch dabei –, negativ erlebten Leerlauf zu einem kreativen Freiraum werden zu lassen, mich an ihm zu erfreuen, ja ihn sogar hemmungslos zu genießen. Dabei erlebte ich, dass Gottes Agenda mir weitaus besser bekommt als meine eigene. Was aus solchen „müßigen" Zeiten entstehen kann, beschreibt Rainer Maria Rilke:

Das Maß an Freizeit, das ich mir selbst zugestand, war offenbar knapper bemessen als das Maß, das Gott für mich vorsah.

> *Ich habe mich oft gefragt, ob nicht gerade die Tage, die wir gezwungen sind, müßig zu sein, diejenigen sind, die wir in tiefster Tätigkeit verbringen? Ob nicht unser Handeln selbst, wenn es später kommt, nur in untätigen Tagen in uns geschieht? Jedenfalls ist es sehr wichtig, mit Vertrauen müßig zu sein, mit Hingabe, womöglich mit Freude.*[37]

Es gibt eine Übung namens „Es gibt nichts zu tun", die ich in einem Seminar kennenlernte. Die Teilnehmer müssen sich dafür in Dreiergruppen zusammenfinden, wobei jeder einmal dran ist und die Aufgabe hat, sich völlig entspannt hinzustellen und den beiden anderen zu erlauben, mit ihm zu machen, was sie wollen, das heißt, ihn zu bewegen. Sie dürfen ihn hin- und herschaukeln, seine Arme hochnehmen und Ähnliches, während er ganz locker lassen muss und nichts tun darf. Dabei merkt man, wie schwer es auszuhalten ist, nichts zu tun, während andere aktiv sind. Immer wieder ist man versucht, mitzuhelfen. Einfach nur da zu sein, ist für viele immens schwer, aber genau darum geht es beim „Sitzen". Warum ist das so? Wir Menschen brauchen Bestätigung und Zuspruch, geistliche Nahrung und Sättigung, Orientierung und Perspektive. Wenn wir dies alles nicht regelmäßig bei Gott bekommen, werden wir es unweigerlich woanders suchen. Wir stehen in der Gefahr, wieder aus Zisternen zu schöpfen.

Es ist wichtig, zu beten, Fürbitte zu tun, Gott zu loben und zu preisen, aber es ist manchmal auch dran, einfach nur bei ihm zu *sein*. Denn sogar unser Gebet kann zu einer „Leistung" werden, auf die wir uns etwas einbilden, die uns Genugtuung verschafft und dadurch für uns zur Zisterne wird. Daher ist dieses Nur-da-Sein eine wichtige „Übung". Wenn sich mein Herz still auf meinen himmlischen Vater ausrichtet und ich völlig unproduktiv bei ihm verweile, entfaltet sich manchmal zwischen uns so etwas wie ein „kommunikatives Schweigen", wodurch sich meine rastlosen Gedanken und alles, was mein Leben betrifft, in seine Friedensordnung einfügen. Hin und wieder ist dieses Ruhen in und vor Gott sogar sehr produktiv: So manche Predigt und so manches Referat ist auf diese Weise auf völlig entspannte Weise entstanden, denn *Der Segen des Herrn macht reich, eigene Mühe tut nichts hinzu* (Sprüche 10,22; EÜ).

Diese schweigende Kommunikation soll uns letztlich durch den ganzen Tag begleiten. Wir lernen es, uns der beständigen Gegenwart Gottes bewusst zu sein, sie zu genießen und uns daran zu freuen, sodass unser ganzes Leben, all unser Tun und Lassen in seiner heiligen Gegenwart stattfindet, wie es Kolosser 3,17 beschreibt: *Und alles, was ihr tut, im Wort oder im Werk, alles tut im Namen des Herrn Jesus, und sagt Gott, dem Vater, Dank durch ihn.*

Doch wie schwierig ist es oft, in dieses kommunikative Schweigen hineinzufinden! Wie schwer fällt es mir immer wieder, zur Ruhe zu kommen! Ich erlebe den Versuch, mich innerlich zu sammeln und auf Gott auszurichten, nicht selten als regelrechten Kampf. Alle möglichen Gedanken und Ideen versuchen, mich vom Ort der Stille wegzuziehen. Es scheint, als ob sich alle verborgenen Kräfte zusammentun, um diese innere Sammlung zu verhindern. Ich möchte aufstehen und etwas tun. Mein Verharren erscheint mir in solchen Momenten so nutzlos; *ich* fühle mich nutzlos. Und ich frage mich, ob mein Versuch, stille zu werden, gelingen wird, oder ob er am Ende nicht doch nur verlorene Zeit ist, in der nichts von dem, was ich mir erhoffe, passiert.

Wie froh war ich, als mir irgendwann bewusst wurde, dass mein Ringen um Sammlung und Gemeinschaft mit Gott schon Gebet ist! Daher habe ich mir angewöhnt, gleich in dem Moment, in dem ich mich hinsetze oder -knie, um mich auf Gott auszurichten, noch während die Unruhe an mir zerrt und meine Gedanken umherwandern, zu beten:

Schon auf dem Weg in die Stille ist der Herr an meiner Seite und steht mir bei. Schon mein Suchen und Warten ist Gebet, ist Begegnung mit Gott.

„Danke, Vater, dass alles, was ich jetzt unternehme, um bei dir anzukommen, schon Gemeinschaft mit dir und Gebet ist. In allem, was ich jetzt denke und fühle, in all meinem Suchen, Lesen und Beten bin ich mit dir verbunden: du in mir und ich in dir. Amen."

Unser Suchen nach Gott, unser Warten und Ausharren, unser Ringen um Stille bleiben nicht unbeantwortet. Sie berühren Gottes Herz und er belohnt sie: *Wer Gott naht, muss glauben, dass er ist und denen, die ihn suchen, ein Belohner sein wird* (Hebräer 11,16b). Schon auf dem Weg in die Stille ist der Herr an meiner Seite und steht mir bei. Schon mein Suchen und Warten ist Gebet, ist Begegnung mit Gott. Allein dieses Wissen wirkt sich beruhigend und tröstend auf mich aus und erleichtert mir mein Verharren bei ihm. Unser stilles Warten bei ihm lohnt sich, auch wenn es uns schwerfällt, wie es die Theologin Antje S. Naegeli in einem Gebet ausdrückt:

Auf dich warten,
mein Gott,
auch wenn es lange Zeit braucht,
bis die Unruhe
sich legt in mir.
Auf dich warten,
mein Gott,
auch wenn meine Sinne
dich lange nicht wahrnehmen.
Auf dich warten,
auch wenn Fluchtimpulse
mich zu überwältigen drohen.
Auf dich warten.
Annehmen,
dass ich dein Nahesein
nicht erzwingen kann. [...]
Während ich auf dich warte,
mein Gott,

werde ich gewahr,
dass ich erwartet bin
von dir,
dass du mich unablässig lockst,
bis ich es wage,
mich dir zu lassen.
Da bin ich, mein Gott.
Da bin ich.[38]

Gott erwartet mich schon, während ich noch nach ihm suche. In meinem Ringen um Sammlung hilft er mir, aber auch bei all den anderen Schwierigkeiten, mit denen ich kämpfe. Der Vater im Himmel kennt unsere Schwachheit und eilt uns zur Hilfe, wann immer wir dieser bedürfen, insbesondere, wenn wir an unsere Grenzen stoßen, wenn wir nicht weiterwissen und -können und auch, wenn wir nicht zur Ruhe finden.

Luther bringt es – wie so oft – auf den Punkt, wenn er sagt, die Summe sei, dass wir Menschen sein sollen und nicht Gott. Es ist ein Akt der Demut des Geschöpfes gegenüber seinem Schöpfer, dies anzuerkennen, und es äußert sich darin, dass wir endlich aufhören, Gott die Dinge aus der Hand nehmen zu wollen, die nur er tun kann. Weder unser Heil noch unsere Heilung noch unsere Heiligung können wir aus eigener Kraft bewerkstelligen. Auch Frucht können wir nicht aus uns selbst heraus bringen. Dasselbe gilt für unser Ringen mit unserer Schwachheit und der Sünde. Wie schon an anderer Stelle erwähnt, ist unser Kampf gegen die Sünde nur schwer zu gewinnen. Dazu schreibt Watchman Nee: „Wenn du kämpfst, um den Sieg zu erringen, hast du die Schlacht bereits verloren. […] Unsere Kraft zu stehen und zu wandeln liegt darin, dass wir uns zuerst mit Christus gesetzt haben. Aus dieser Position erhält der Christ im Wandel und im Kampf seine Kraft.“[39]

Alle geistliche Vollmacht gewinnen wir im „Sitzen“ bei Gott, indem wir es lernen, in dem Sieg zu ruhen, den Jesus bereits für uns errungen hat. Jede Schwachheit, die uns jetzt noch quälen mag, kann nur dadurch überwunden werden, dass dieser Sieg in uns seine Wirkung entfaltet.

Ich erinnere mich an eine Osternacht in einer katholischen Kirche. Es herrschte andächtige Stille, alles war dunkel, nur einige Kerzen verbreiteten ihren ruhigen Schein. Ich dachte über Jesu Leiden und Sterben nach und war traurig darüber, dass noch so manche Charakterschwäche in meinem Leben vorhanden war. In dieser Situation tröstete mich der Herr, indem er durch einen Vergleich zu mir redete. Ich „sah“ das Nest eines Vogels vor mir, in das ein Kuckuck sein Ei gelegt hatte. Sobald der kleine Kuckuck geschlüpft war, begann er, sein einnehmendes Wesen zu entfalten. Ohne zu zögern fing er an, alles aus dem Nest zu werfen, was ihn störte. Ein (Stief-)Geschwisterchen nach dem anderen verdrängte er auf diese Weise, stetig und konsequent. Sein Instinkt gebot ihm, das Nest für sich allein zu beanspruchen.

Als ich dieses Bild vor Augen hatte, war es, als sagte Gott zu mir: „So wie dieser kleine Kuckuck das Nest in Beschlag nimmt, so nehme ich dein Herz in Beschlag. Sei ruhig und vertraue mir, dass ich es von allem reinige, was dort nicht hineingehört, denn ich bin ein eifersüchtiger Gott. Das alles geschieht nicht durch dein Wollen und Tun, sondern dadurch, dass mein vollkommenes Werk in dir wirksam wird.“ Gott allein kann und wird unser Herz reinigen: *Und ich werde sie retten aus all ihren Treulosigkeiten, mit denen sie gesündigt haben, und werde sie reinigen; und sie werden mir zum Volk und ich werde ihnen zum Gott sein* (Hesekiel 37,23b). Was für eine gewaltige Zusage!

Während ich diese Gedanken in mir bewegte, stieß mich mein Nachbar an, um mit seiner Kerze die meine zu entzünden. Ich brachte sie zum Brennen und gab das Feuer weiter. So wurde ein Docht nach dem anderen entzündet, und der Kirchenraum füllte sich langsam mit warmem Licht und erhellte ihn – ein wunderschönes Symbol für Jesu Präsenz inmitten seines Volkes, inmitten meines Herzens. Er entzündet uns, wobei alles verbrennen muss, was nicht zu uns gehört. Diese Reinigung geschieht manchmal unter Schmerzen, aber sie muss sein, damit wir uns frei von allem Ballast erheben können, um voranzugehen, zu handeln und um an unserem Platz im Leben als Lichter inmitten der Welt präsent zu sein.

Wir dürfen einfach bei ihm verweilen und ihm unser Herz öffnen, damit er es reinigen, verändern und mit seinem Licht und seiner Herrlichkeit füllen kann.

Wir können das Feld behaupten, wenn wir zuvor gelernt haben, bei unserem Vater im Himmel zu „sitzen“, um uns von seiner Liebe entzünden zu lassen, ohne die wir nichts von Ewigkeitswert tun können.

Er muss sein Werk an und in unserem Herzen vollbringen. Wir sollen Menschen und nicht Gott sein, und wir können unsere Einwilligung nicht besser zum Ausdruck bringen als in unserem „Sitzen" bei ihm. Wir dürfen einfach bei ihm verweilen und ihm unser Herz öffnen, damit er es reinigen, verändern und mit seinem Licht und seiner Herrlichkeit füllen kann.

Authentisch leben

Einfach nur sein – das bedeutet auch *einfach* sein. Das Verlangen, anders als andere zu sein, gehört zu den legitimen, menschlichen Grundbedürfnissen, die Gott in uns hineingelegt hat. Wenn er uns versichert, er habe uns bei unserem Namen gerufen, dann trägt er diesem Bedürfnis Rechnung: Er ruft jeden von uns mit seinem persönlichen Namen, er sieht jeden von uns in seiner Originalität. Gott ist gegen jede Gleichschaltung. Kein Eiskristall, kein Sandkörnchen auf dieser Erde gleicht dem anderen, jedes ist anders – das muss man sich einmal vorstellen! In manchen Familien hingegen ist es den Mitgliedern nicht erlaubt, sich zu unterscheiden. Die Kinder lernen, dass es eine Gefahr darstellt, sich von anderen abzuheben, aus der Reihe zu tanzen, etwas anders zu machen als alle anderen, immer gemäß dem Motto: „Was werden die anderen sagen?!" Daraus kann eine Mentalität des Angepasstseins erwachsen, die Unart, immer mit dem Strom zu schwimmen und alles mitzumachen. Bei Gott dürfen wir uns unterscheiden, wir dürfen anders sein als andere; Gott ist *für* dieses Bedürfnis! Nichtsdestoweniger sollte man nicht vergessen, dass jeder Mensch doch den gleichen Wert für ihn hat.

Daher wird es problematisch, wenn wir uns von anderen abheben wollen – im Sinne von sich überlegen fühlen, als wertvoller oder größer gelten. Bei allem, was auf die Silbe „-er" endet, wird es kritisch: größer, mächtiger, moralischer, geachteter, demütiger. Alfred Adler bezeichnete das als „Überkompensation". Leider gehört diese Art von Streben schon von Kindesbeinen an zu unserer Gebrochenheit. Selbst Henri Nouwen kannte diesen Wunsch:

> *Ich habe immer das Verlangen gehabt, anders zu sein als andere. Wahrscheinlich unterscheide ich mich damit nicht von anderen*

Menschen. Während ich über dieses Verlangen und seine Auswirkung in meinem Leben nachdenke, wird mir immer deutlicher bewusst, dass ich meinen Lebensstil an dem heute allgemein verbreiteten Verlangen orientiert habe, ein „Star zu werden". Ich wollte „anders", etwas „Besonderes" sagen, schreiben oder tun, auf das man aufmerksam werden und über das man sprechen sollte.[40]

Nouwen beleuchtet dieses Streben kritisch und kommt zu der Erkenntnis: „Wenn wir das Verlangen, anders zu sein, aufgeben und uns selbst als Sünder erfahren haben, ohne jedes Recht auf besondere Beachtung, nur dann entsteht ein Raum, in dem wir Gott begegnen, der uns bei unserem Namen ruft und uns einlud, ihm in seiner letzten Tiefe nahezukommen."[41]

Ich habe im Laufe der Jahre immer wieder „besondere" bzw. „große" Menschen kennengelernt, die sich nicht als solche zu erkennen gaben. So zum Beispiel den Chefarzt einer Fachklinik, der in einer natürlichen und herzlichen Art auf Menschen zugeht und völlig ungezwungen mit ihnen redet. Er tritt so „einfach" in Erscheinung, dass man ihn auf den ersten Blick für den Gärtner der Einrichtung halten könnte – so wenig Wind macht er um seine Person. Solche Menschen beeindrucken und beschämen mich, die ich immer wieder den Hang bei mir entdecke, vor anderen als etwas Besonderes gelten zu wollen. Interessanterweise wurde übrigens schon Jesus mit einem Gärtner verwechselt …

Unser Streben nach dem Besonderen ist im Grunde nichts anderes als ein drückendes Joch, denn es ist auf Dauer anstrengend, sich immer von anderen abheben zu *müssen*. Es ist höchst mühselig, immer *mehr* Respekt, Wertschätzung oder Aufmerksamkeit als andere erringen zu *müssen*, sei es durch Hilfsbereitschaft, Humor, Erfolg oder sonst etwas. Für mich war es eine Offenbarung, dies zu erkennen. Von meiner Jugend an hatte ich immer wieder damit zu kämpfen, dass ich unsicher im Umgang mit anderen Menschen war. Ich hasste und schämte mich dafür und wollte diesen Makel unbedingt loswerden. Ich wollte selbstbewusst und selbstsicher auftreten, ich wollte cool sein, weil ich meinte, nur dann von anderen anerkannt zu werden. Und wenn ich ehrlich war, wollte ich gern besondere Beachtung erringen, mehr als meine Freundinnen. Ich wollte begehrter und beliebter sein als sie.

Wie erleichtert war ich, als ich irgendwann erkannte, dass ich mich mit diesem Streben völlig überforderte und dass es gar nicht nötig war, mir einen makellosen Anstrich zu geben. Dort, wo ich vorher nach der Überzeugung gelebt hatte: „Lieber arrogant als unsicher" (interessant auch, dass es anscheinend nur diese beiden Möglichkeiten für mich gab), traf ich jetzt eine neue Entscheidung: „Ich werde meine Unsicherheit nicht länger verstecken. Andere dürfen mitbekommen, dass ich manchmal unsicher bin, aber dies wird meinem Wert keinen Abbruch tun." Für mich war dies eine Entscheidung *gegen* ein Erscheinungsbild makellosen Selbstbewusstseins und *für* mehr Einfachheit bzw. Authentizität. Ich muss keinen perfekten Eindruck hinterlassen; ich darf auch mal in ein Fettnäpfchen treten, etwas Dummes von mir geben oder Fehler machen. Allerdings war mir diese Entscheidung erst möglich, nachdem Gott mein Selbstwertgefühl schon deutlich aufgebaut hatte.

Seitdem genieße ich es geradezu, *einfach* sein zu dürfen, nicht mehr unter jenem Joch des „Besondersseins" gehen zu müssen – und meine Beziehungen und Freundschaften haben entscheidend davon profitiert. Denn wir müssen uns vor Augen halten: Wenn wir besser als der andere sein wollen, dann geht das automatisch auf seine Kosten. Dort, wo wir uns auf-werten wollen, ent-werten wir den anderen. Dort, wo ich besondere Aufmerksamkeit auf mich ziehe, entziehe ich sie anderen. Da, wo ich jemanden durch mein Wissen beeindrucken möchte, fühlt er sich unter Umständen in den Schatten gestellt.

Wenn wir besser als der andere sein wollen, dann geht das automatisch auf seine Kosten. Dort, wo wir uns auf-werten wollen, ent-werten wir den anderen.

Es geht darum, dass wir unsere Gleichwertigkeit bejahen und aufhören, mit anderen in beschriebener Weise zu konkurrieren. Es geht darum, unsere überhöhten Ansprüche an uns selbst, an Gott und das Leben loszulassen und in diesem Sinne einfach zu werden. Diese demütige Haltung segnet Gott, sodass wir ihm in noch umfassenderem Maße und noch tiefer begegnen können, wie Nouwen es beschreibt. Dementsprechend werden wir nicht nur auf geistlicher, sondern auch auf menschlicher Ebene zu viel intensiverer Begegnung fähig.

Wie viel Einsamkeit kommt aus dem Bestreben, uns von anderen abheben zu wollen? Nicht umsonst sagt man „einsame Spitze", denn dort befinden wir uns nicht mehr auf der Ebene der Gleichwertigkeit, die jedoch die Voraussetzung für jede gelingende Beziehung ist. Gerade eine natürliche Einfachheit macht Menschen zu etwas Besonderem in einer lauten Welt, in der alle groß rauskommen wollen.

Einfachheit im Glauben ist ein wichtiger Schutz für uns. Je mehr ich es lerne, authentisch und so „normal" wie alle anderen auch zu sein, desto mehr verlieren die dunklen Stimmen in und um mich herum ihre Macht über mich – insbesondere der Antreiber. Ich entziehe ihnen auf diese Weise den Boden, auf dem sie wirken können. Als ich noch jung im Glauben war, beeindruckten mich die glaubensvollen Gebete anderer, die oftmals mit viel Nachdruck und manchmal auch sehr lautstark vorgetragen wurden. In meinen Ohren klangen sie sehr vollmächtig und kraftvoll, und ich war versucht, das zu imitieren. Aber sehr bald merkte ich, dass ich mich dabei nicht wohlfühlte. Der Apostel Paulus sagt dazu Folgendes: *Denn ich sage durch die Gnade, die mir gegeben wurde, jedem, der unter euch ist, nicht höher von sich zu denken, als zu denken sich gebührt, sondern darauf bedacht zu sein, dass er besonnen sei, wie Gott einem jeden das Maß des Glaubens zugeteilt hat* (Römer 12,3). Gott teilt uns das Maß unseres Glaubens zu, und es ist ratsam, sorgsam damit umzugehen und in diesem vorgegebenen Rahmen zu bleiben – ein Akt der Demut. Es ist wichtig, sich dieses Maßes bewusst zu sein, es anzuerkennen und sich darin zu bewegen, weil es uns vor Überforderung schützt.

Ich habe damals die bewusste Entscheidung getroffen, nur noch das zu tun oder auch zu beten, wofür ich wirklich Glauben habe, und alles andere zu unterlassen. Derek Prince schreibt über den Glauben, der zu manchen Zeiten als besondere Gabe des Heiligen Geistes in unser Leben kommt:

> *Gott selbst bestimmt, wann und wem er diese Gabe zuteilen will. Die Initiative liegt ganz bei ihm, nicht beim Menschen. Das traf auf Jesu eigenes Wirken zu. Er verfluchte nicht jeden unfruchtbaren Feigenbaum, er stillte nicht jeden Sturm, er rief nicht alle Toten aus den Gräbern, er wandelte nicht ständig auf dem Wasser. Stets war er sorgsam darauf bedacht, die Initiative dem Vater zu überlassen. In Johannes 5,19 sagte er: „Der Sohn kann von*

sich selbst nichts tun, sondern nur das, was er sieht den Vater tun; und was dieser tut, das tut gleicherweise auch der Sohn.“[42]

Ich erinnere mich an einen jungen Mann, der mir nach einer charismatischen Veranstaltung sehr niedergeschlagen und verwirrt sein Herz ausschüttete. Im Gegensatz zu vielen anderen, die emotional tief berührt worden waren, hatte er keine starken Gefühle bei sich festgestellt. Dies setzte ihn nun stark unter Druck, da er sich fragte, ob er sich gegen das Wirken des Heiligen Geistes gesperrt habe. Und in der Tat, so meinte er, habe ihn die emotional aufgeladene Atmosphäre befremdet, sodass er sehr verkrampft gewesen sei. Er stelle sich nun die Frage, ob Gott ihn überhaupt berühren könne, weil es ihm wirklich schwerfalle, die Kontrolle abzugeben. Ich ermutigte ihn, vor Gott zu seinen Empfindungen zu stehen und ihn darum zu bitten, ihn von aller Unruhe und allem Druck zu befreien. Ferner meinte ich, dass er aufhören dürfe, sich mit anderen zu vergleichen oder sich selbst zu beobachten. Er solle demnächst in Lobpreiszeiten den Heiligen Geist einladen, an und in ihm zu wirken, und sich dann still und zuversichtlich auf Gott hin ausrichten, in der ruhigen Erwartung, dass er an ihm handeln und ihm keinen Stein geben werde, wenn er ihn um Brot bitte. Auch sagte ich ihm, dass Gott sich über sein ehrliches Suchen und Fragen freue und ihn darin sehr ernst nehme. Der junge Mann zog seines Weges, sichtlich erleichtert und fröhlich.

Gott wirkt mit Vorliebe in der Entspannung.

Wie viel Zeit braucht es doch oft, bis wir aufhören, uns selbst unter Druck zu setzen, und uns Gott überlassen! Wenn dies gelingt, kann Gott das in und durch uns verwirklichen, was er schon so lange vorhat – auf seine Art und Weise. Denn Gott wirkt mit Vorliebe in der Entspannung – wie schön drückt es König David aus: *Gott, mein Herz ist bereit, ich will singen und spielen* (Psalm 108,2; LUT).

Mir begegnen immer wieder Christen, die sich mit Schuldgefühlen plagen, weil sie sich mit anderen vergleichen. Ich kenne dies ja von mir selbst. Mich beeindrucken Berichte von Glaubensmännern und -frauen, die ihr Leben unter schwierigsten Bedingungen auf dem Missionsfeld investieren und die ihrem Herrn mitten in Verfolgung treu sind, auch unter Androhung furchtbarer Sanktionen. Sie geben alles für Gott, während ich in unserem Land wie „die Made im Speck" lebe. Mich beeindrucken Christen, die Tage und Nächte mit Gebet und mit Fasten verbringen, und ich frage mich, ob ich es mir zu leicht mache und ob ich nicht auch solche Bürden auf mich nehmen müsste, um Gott zu dienen. Im Hinblick auf meine Fragen halfen mir Gedanken des bedeutenden deutschen Mystikers Meister Eckhard. Er beschreibt in einer seiner Predigten, dass es verschiedene „Weisen" gibt, den Glauben zu leben. Wenn unser Glaubensweg ohne große Mühsal und Entbehrung verlaufe, sagt er, sollen wir damit zufrieden sein und es gefälligst unterlassen, uns selbst ein Joch aufzuerlegen, das Gott uns nicht zumutet. Er schreibt über die Heiligen, die in ihrer Nachfolge viele Lasten und Mühen zu tragen haben und hatten:

> *Unser Herr hat ihnen diese Weise gegeben, gab ihnen aber auch die Kraft, so zu handeln, dass sie diese Weise durchhielten, und eben darin fand er bei ihnen sein Wohlgefallen. […] Ein jeder behalte seine gute Weise […] Wechsel der Weisen macht Weise und Gemüt unstet. […] Überdies können nicht alle Menschen einem Weg folgen. So ist es auch mit der Nachfolge des strengen Lebenswandels jener Heiligen. Solche Weise sollst du wohl lieben, und sie mag dir wohlgefallen, ohne dass du ihr nachzufolgen brauchst.*[43]

Ich darf nicht den Fehler machen, meine Glaubenspraxis mit der anderer zu vergleichen und mich damit unter Druck zu setzen. Meine „gute Weise" besteht zum Beispiel darin, täglich im Wort Gottes zu lesen – mal mehr, mal weniger – und mir regelmäßig Zeiten zum Beten einzuplanen. Dabei habe ich entdeckt, dass sich meine Spaziergänge mit unserem Terrier Ricky hervorragend für die Fürbitte eignen. In Bewegung, auf einsamen Pfaden und an der frischen Luft lässt es sich gut beten. Die intensivsten Zeiten mit Gott, in denen ich zur Ruhe und in die Anbetung finde, habe ich zuweilen unter meiner warmen Bettdecke – auch diese „gute Weise" habe ich für mich entdeckt.

Früher lebte ich nach der Devise: „Erst die Arbeit, dann das Vergnügen." Heute praktiziere ich es auf eine neue „Weise", die mir mehr entspricht: Wenn ich erst das tue, was mir Freude macht, bin ich danach motivierter für lästige Pflichten. Interessant ist auch Eckhards Gedanke, dass unser Leben unstet wird, wenn wir uns zu einer anderen Glaubenspraxis zwingen wollen. Ich kann dies bestätigen, denn wo immer ich meinte, meine „Weise“ zwanghaft verändern zu müssen, verlor ich meinen Frieden. Wir sollen uns selbst treu bleiben, auch in unserem Glaubensleben. Wir dürfen getrost auf die Art und Weise glauben und leben, die für uns stimmig ist. Wie oft sind wir versucht, den Rahmen, den Gott uns steckt, selbst verändern oder erweitern zu wollen, tun dies jedoch nicht aufgrund unseres Glaubens, sondern oftmals aus Furcht. Gottes Wort sagt aber, dass alles, was wir nicht aus Glauben heraus tun, Sünde ist (Römer 14,23). Inzwischen habe ich erfahren, dass Gott mit uns sehr behutsam umgeht und dass er es selbst ist, der das Maß meines Glaubens in einem natürlichen Prozess erweitert, vergleichbar mit dem Wachstum einer Knospe hin zur Blüte.

Dieses Geschehen drückt Gerhard Tersteegen in dem Choral *Gott ist gegenwärtig* wunderbar aus:

Du durchdringest alles;
lass dein schönstes Lichte,
Herr, berühren mein Gesichte.
Wie die zarten Blumen
willig sich entfalten
und der Sonne stille halten:
Lass mich so
still und froh
deine Strahlen fassen
und dich wirken lassen.

Eine Blüte, die sich den Sonnenstrahlen öffnet und zuwendet, kann gar nicht anders, als das Licht zu reflektieren. Vor einiger Zeit erzählte uns unsere Schwiegertochter Lena, die damals noch nicht lange gläubig war, dass sie bei einem Treffen gewesen sei, bei dem auch einige wenige Christen anwesend waren. Diese Christen hätten sich wohltuend von den anderen unterschieden, sie hätten ihrem Empfinden nach geradezu unter all den anderen „gestrahlt“, obwohl sie überhaupt nicht außergewöhnlich in Erscheinung getreten waren oder sich hervorgetan hatten.

Sie hatten genau wie alle anderen Spaß gehabt, gemeinsam mit den anderen getanzt und gelacht, gegessen und ihr Bierchen getrunken. Sie hatten über Gott und die Welt gesprochen und dabei auf entspannte und unverkrampfte Art einiges von ihren Glaubenserfahrungen mitgeteilt, wenn es ins Gespräch gepasst hatte. Sie waren nur da gewesen, einfach und natürlich. Und trotzdem unterschieden sie sich für Lena deutlich von den anderen – auf eine sehr positive Weise.

Mich hat diese Geschichte noch eine Weile beschäftigt. Wie oft meinen wir, wir müssten uns auf besondere Weise von anderen abheben, um als Christen erkennbar zu sein. Wir sind überzeugt, uns anstrengen zu müssen, um uns als geistlich zu erweisen, und wie oft wird unser Glaubensleben dadurch völlig verkrampft. Was machen wir uns manchmal für einen (frommen) Stress! Mehr und mehr komme ich zu der Überzeugung, dass wir das gar nicht müssen, dass es sogar kontraproduktiv ist, denn die Liebe Gottes *ist* bereits ausgegossen in unsere Herzen, sie ist bereits in uns! Wir dürfen einfach anwesend sein, da sein – wir strahlen allein deshalb, weil Christus in uns lebt, und andere Menschen, so wie Lena, nehmen das wahr:

Wir dürfen einfach anwesend sein, da sein – wir strahlen allein deshalb, weil Christus in uns lebt, und andere Menschen nehmen das wahr.

> *Ihr seid das Licht der Welt; eine Stadt, die oben auf einem Berg liegt, kann nicht verborgen sein. Man zündet auch nicht eine Lampe an und setzt sie unter den Scheffel, sondern auf das Lampengestell, und sie leuchtet allen, die im Hause sind. So soll euer Licht leuchten vor den Menschen, damit sie eure guten Werke sehen und euren Vater, der in den Himmeln ist, verherrlichen.* (Matthäus 5,14-16)

Als ich letztens eine Predigt vorbereiten wollte, kam mir dieses Wort in den Sinn und ich konnte es kaum glauben, dass wirklich eine solche Aussage in der Bibel steht – Jesus ist doch das Licht der Welt! Also schlug ich es nochmals nach, und es steht tatsächlich dort! Beides stimmt. Jesus ist das Licht der Welt, aber auch wir sind es! Jesus spricht uns zu: *Ihr seid das Licht der Welt.*

Dazu einige Gedanken von Tamara Hinz, die hierzu passen, wenn sie bei ihr auch auf eine Textstelle aus den Sprüchen bezogen sind, aus der hervorgeht, dass sich das Verhalten des Gottesfürchtigen sogar im Hinblick auf seine Tiere deutlich von dem des Gottlosen unterscheidet (Sprüche 12,10):

> *In unserer Stillen Zeit, in Gesprächskreisen, Bibelstunden und Predigten sind viele von uns regelrecht darauf „geeicht", sich selbst, die Intensität ihrer Beziehung zu Jesus und die Qualität ihres geistlichen Lebens infrage zu stellen und als nicht ausreichend zu empfinden. Immer reicht es nicht und ist es nicht gut genug. In solch einem Klima kritischer Selbstreflexion könnte es sein, dass obiger Text genommen wird, um Fragen zu stellen wie: „Können die Menschen in deinem Leben wirklich sehen und erleben, dass du mit Gott unterwegs bist?" Mit dem Ergebnis, dass die meisten wahrscheinlich betrübt den Kopf schütteln und beschämt den Raum verlassen würden. Aber dieser Bibeltext will, wie so viele andere Texte der Bibel auch, nicht ein „Ich hab's mal wieder nicht geschafft"-Gefühl vermitteln, sondern unseren Blick auf das bereits Vorhandene, auf das Starke und Gute richten. Auf das, was Gott bereits an Tatsachen in uns und unserem Leben geschaffen hat.*[44]

Als ich mir vor einiger Zeit darüber Gedanken machte, dass ich das Licht der Welt *bin*, schrieb ich folgende Zeilen in mein Tagebuch:

> *Endlich zur Ruhe gekommen*
> *in dem Wissen,*
> *Gottes Kind zu sein.*
> *Nicht mehr auf der Suche*
> *nach dem Besonderen, Außergewöhnlichen, den großen Taten,*
> *unruhig und getrieben,*
> *um mich zu beweisen.*
> *Nein: In dem Wissen,*
> *ich bin angekommen,*
> *er in mir und ich in ihm,*

strahle ich wie ein Himmelslicht in meine Umgebung hinein,
ruhig und stetig.
Mein Sein genügt:
Ich bin, so wie er ist.

An dieser Stelle noch eine kleine Episode, die ein Pastor vor einiger Zeit in einer Predigt erzählt hat. Es war während seines Studiums. Er saß in der Mensa beim Essen, als sich ein anderer Student zu ihm setzte. Der Pastor, jung und eifrig im Glauben, war davon überzeugt, er müsse seinen Tischnachbarn evangelisieren. Als er so vor sich hingrübelte, aufgeregt und unschlüssig, wie er das am besten anstellen könnte, fragte ihn der andere Student mit besorgtem Blick, ob mit ihm alles okay sei und ob er ihm irgendwie helfen könne …

Ich kann mich in diese Geschichte gut einfühlen, denn mir ging es jahrelang ganz ähnlich. Auch ich meinte, ich sei dazu berufen, die Welt zu missionieren, und hatte ein schlechtes Gewissen, wenn ich nicht jedem von Jesus erzählte. Irgendwann traf ich eine Entscheidung, weil ich immer mehr unter Druck geriet und an meine Grenzen stieß. Ich sagte zu Gott, dass ich mich ab jetzt nicht mehr unter Druck setzen und damit aufhören würde, mich auf diese Art und Weise zum Evangelisieren anzutreiben. Ich betete aber auch darum, dass ich immer dann, wenn ich die innere Freiheit hatte und die Situation für mich erkennbar eine offene Tür bot, diese auch nutzen würde. Die Entspannung, die ich dadurch erlebte und erlebe, ist seitdem die Voraussetzung für so manches gute Gespräch.

Solange wir uns selbst unter Druck setzen, sind wir nicht authentisch.

? Bist du bereit, dir selbst mehr Einfachheit zu gestatten?

Authentizität verlangt Demut, die sich in der Bereitschaft äußert, in dem zu leben, wozu Gott uns bereits befähigt hat, aber auch zu unseren Grenzen zu stehen und sie nicht gewaltsam erweitern zu wollen. In gleicher Weise bewirkt Demut ein sanftmütiges Herz, das auf Gott vertraut und dem Drang widersteht, selbst für sich zu kämpfen und sich das zu nehmen, was ihm vermeintlich zusteht. So werden wir bereit, Gott für uns sorgen und auch kämpfen zu lassen.

Gott für sich kämpfen lassen

Gott will unser Versorger sein; er sagt ausdrücklich: *Bittet, und es wird euch gegeben werden; sucht, und ihr werdet finden; klopft an, und es wird euch geöffnet werden* (Matthäus 7,7). Gott liebt es, um etwas gebeten zu werden und zu geben. Er liebt es, seinen Kindern wie ein Vater Geschenke zu machen, ihnen gute Gaben zukommen zu lassen. Er deckt uns einen Tisch, sogar im Angesicht unserer Feinde. Er gibt so reichlich, dass der Psalmist sagt, sein Becher fließe über (Psalm 23). Von ganzem Herzen kann ich bezeugen, dass ich alles, was ich bin und habe, Gott zu verdanken habe.

Nichts davon hätte ich mir selbst geben können. Immer war es ein Geschenk, immer war es „Zufall" – es ist mir zugefallen. Und um all das Gute empfangen zu können, benötigte ich immer wieder Geduld. Ich musste lernen, auf Gott zu warten, so wie es der Psalmist beschreibt:

> *Vertraue auf den HERRN und tue Gutes; wohne im Land und hüte Treue; und habe deine Lust am HERRN, so wird er dir geben, was dein Herz begehrt. Befiehl dem HERRN deinen Weg und vertraue auf ihn, so wird er handeln und wird deine Gerechtigkeit aufgehen lassen wie das Licht und dein Recht wie den Mittag. Sei still dem HERRN und harre auf ihn.* (Psalm 37,3-7a)

Andrew Murrays Buch *Warten auf Gott* handelt von dieser Haltung des Harrens auf Gott, und folgende Gedanken beziehen sich auf diesen Psalm:

> *Das Ruhen in Gott ist es – in seinem Willen, seiner Verheißung, seiner Treue und seiner Liebe –, das die Geduld einfach macht. Dieses Ruhen in ihm bedeutet nichts anderes, als stille zu ihm zu sein und vor ihm zu schweigen; dass unsere Gedanken und Wünsche, unsere Befürchtungen und Hoffnungen beruhigt und gestillt werden in jenem tiefen Frieden Gottes, der alles Verstehen übersteigt. Dieser bewahrt Herz und Verstand, wenn wir um irgendetwas besorgt sind, weil wir ihm unseren Wunsch mitgeteilt haben. Ruhe, Schweigen, Stille und das geduldige Warten finden ihre Stärke und Freude in Gott selbst.*[45]

Vor einiger Zeit las ich den Lebensbericht eines Mannes, der über viele Jahrzehnte im geistlichen Dienst gestanden hatte. Besonders eine Aussage von ihm ist mir im Gedächtnis geblieben, vielleicht, weil sie sich mit meinen Erfahrungen deckt. Der Autor resümierte, er habe immer wieder Gottes Treue erlebt, allerdings habe der Herr ihn oft sehr lange warten lassen.

Ja, wie oft müssen wir auf Gottes Eingreifen, seine Antwort, seine Hilfe warten, und oft auch über einen langen Zeitraum! Ganz verstehe ich immer noch nicht, warum Gott so an uns handelt, aber es hat mich beruhigt, dass ich offenbar nicht die Einzige bin, der es so geht. Immer und immer wieder schreibt Paulus in seinen Briefen über das Ausharren bzw. das Warten und die Geduld. Häufig erinnert er die Gläubigen daran, sich in allen nur möglichen Lebenslagen darin zu üben. Dabei bezieht er sich auf die unterschiedlichen Herausforderungen der jungen Gemeinde, auch auf Verfolgungssituationen, und betont: *In allem empfehlen wir uns als Gottes Diener, in vielem Ausharren* (2. Korinther 6,4a).

„In vielem Ausharren" – es gibt nichts, was uns schwerer fällt. „Hilf dir selbst, dann hilft dir Gott!" Dieser Appell hat sich mir aufgedrängt, als ich mich vor einiger Zeit wieder einmal in einer Warteschleife befand. Anders ausgedrückt könnte man auch sagen: „Nimm dir selbst, was du brauchst." Die Versuchung ist groß, sich selbst zu helfen, wenn die Hilfe zu lange auf sich warten lässt. Schon Jesus wurde auf diese Weise versucht, als er die vierzig Tage in der Wüste verbrachte, aber er ging als Sieger daraus hervor. Kaum ist man in der Wüste, kommen auch schon die Dämonen mit ihren Einflüsterungen: „Wer weiß, ob Gott noch an dich denkt und ob er dich und dein Anliegen nicht längst vergessen hat. Hilf dir besser selbst!"

Ich kenne diese Stimmen inzwischen recht gut – sie versuchen immer wieder, bei mir zu landen –, und trotzdem muss ich wachsam sein, ihnen nicht auf den Leim zu gehen. Ich lasse mich von ihnen nämlich immer wieder dazu verleiten, mich selbst unter Druck zu setzen, weil ich jeder Passivität misstraue, getrieben von der Angst, die Kontrolle zu verlieren oder zu kurz zu kommen. Ich misstraue mir auch selbst und bezichtige mich der Bequemlichkeit – worin mich Ankläger und Antreiber tüchtig unterstützen – und meine dann, die Initiative ergreifen zu müssen. Immer wieder bin ich herausgefordert, Gott zu vertrauen. Wayne Jakobsen beschreibt diesen Konflikt sehr treffend:

Jedes Mal, wenn ich über Vertrauen spreche, wird unweigerlich folgende Frage aufgeworfen: „Heißt das, ich muss nichts dazu beitragen und Gott macht alles?" Wir sind so daran gewöhnt, unserer eigenen Leistung zu vertrauen, dass wir uns gar nichts anderes vorstellen können. Wir setzen unser Vertrauen in ihn mit Nichtstun gleich, da wir fast alles, was wir tun, deshalb tun, weil wir nicht glauben, dass Gott überhaupt etwas tut. Wenn wir auf Gott vertrauen, führt das weder zu Lethargie noch bietet es einen Grund zur Faulheit. Wer lernt, auf Gott zu vertrauen, wird entdecken, dass er aktiv am Wirken Gottes teilhaben kann.[46]

Gott will sich für uns einsetzen und für uns sorgen und auch kämpfen – aber zu seiner Zeit. Er lässt sich die Zügel nicht aus der Hand nehmen, auch nicht durch unsere Ungeduld und unser Drängen. Ihm entgleitet keine Situation, auch wenn es uns manchmal so erscheint; er weiß genau, wann er handeln muss. Ich muss mir immer wieder vor Augen halten, dass die Dinge, die ich von Gott erbitte, eine Vorbereitungszeit benötigen und erst dann für mich sicht- und greifbar werden, „wenn die Zeit erfüllt ist". Wie oft war es so, dass, während ich ungeduldig und unruhig auf Hilfe oder Antwort wartete, Gott genau in dieser Zeit alles vollkommen fügte und führte, sodass ich im Nachhinein oftmals beschämt war. Diese Erfahrungen muss ich mir immer und immer wieder in Erinnerung rufen, gerade in den Lebensphasen, in denen ich auf Gott warte und noch nichts von seiner Hilfe sichtbar ist.

> Ich muss mir immer wieder vor Augen halten, dass die Dinge, die ich von Gott erbitte, eine Vorbereitungszeit benötigen und erst dann für mich sicht- und greifbar werden, „wenn die Zeit erfüllt ist".

Es gibt verschiedene Arten, auf Gott zu warten. Wir können es widerwillig und murrend oder voller Panik tun, wir können es aber auch vertrauensvoll und zuversichtlich tun – es liegt an uns, für welche Herzenshaltung wir uns entscheiden. Teresa von Ávila, Karmeliter-Nonne, Ordensreformatorin und Klostergründerin, sagt:

Auch im Umgang mit Gott ist alles Gewaltsame verfehlt […] Der Wille mit seinen Empfindungen soll ruhig und gelassen einse-

hen, dass mit Gott nicht gut gewaltsam zu verhandeln ist und dass unsere Gewaltakte wie große Holzscheite sind, die unbedacht auf das Fünklein geworfen werden und es ersticken.[47]

Es hilft, wenn ich mir in schwierigen Zeiten, wo die Versuchung groß ist, selbst aktiv zu werden, in Erinnerung rufe: „Alles, was ich bin und habe, habe ich von Gott. Wo immer sich auf meinem Lebensweg Türen geöffnet haben, wo immer es glückliche Fügungen gab, wo immer ich gute Freunde gefunden habe, wo immer ich schlechte Gewohnheiten ablegen konnte, alles Gute und Segensreiche ist mir zugefallen. Ich musste und konnte mir nichts davon erkämpfen, immer war es Gabe Gottes." Rede ich mir in solchen Momenten selbst gut zu, weicht die innere Anspannung nach und nach, und ich finde zurück zu dem Vertrauen und der Zuversicht, dass Gott sich zu seiner Zeit als treu erweisen wird: *Was bist du so aufgelöst, meine Seele, und was stöhnst du in mir? Harre auf Gott! – denn ich werde ihn noch preisen, das Heil meines Angesichts und meinen Gott* (Psalm 42,12).

Wir sind kostbar in Gottes Augen, und daher sollen wir entsprechend mit uns selbst umgehen. So wie im Hinblick auf Gott alles Gewaltsame verfehlt ist, so trifft dies auch auf unsere Seele zu. Wir sollen behutsam mit ihr sein. Ich muss mir dies immer wieder ins Gedächtnis zurückrufen, weil ich dazu neige, zu hart mit mir selbst umzugehen. Ein Beispiel: Ich leide manchmal unter zu niedrigem Blutdruck und kann mich dann kaum wach halten, sobald ich mich hinsetze. Beim Lobpreis, wenn ich meine Gitarre zur Hand nehme, macht sich meine Müdigkeit nicht so stark bemerkbar, sehr wohl aber, wenn ich mich auf die Fürbitte konzentrieren will. Früher habe ich mich an diesem Punkt unter Druck gesetzt und habe „durchgezogen", also eine lange Fürbittenliste konzentriert „abgebetet". Nun aber habe ich Gott gebeten, mich während des Tages bei meinen alltäglichen Verrichtungen an die Menschen zu erinnern, für die ich beten soll. Und er tut es! Er übt keinen Druck auf mich aus, indem er hartherzig über meine Schwachheiten hinweggeht, sondern hilft mir, mit ihnen umzugehen.

Wir müssen unsere Probleme nicht selbst in den Griff bekommen, sondern dürfen uns mit allen Sorgen an Gott wenden, denn er ist für uns besorgt. Der Reformator Johannes Hus, der am 6. Juli 1415 auf dem

Konzil in Konstanz den Märtyrertod starb, hat unsere Bedürftigkeit in einem Gebet ausgedrückt:

O du allergnädigster Herr Jesus Christus!
Zieh uns Schwache zu dir;
denn wo du uns nicht ziehen wirst, können wir nicht folgen.
Gib uns einen starken Geist, der willig ist.
Denn ohne dich vermögen wir nichts zu tun.[48]

Von klein auf lernen wir, dass wir kämpfen müssen, um nicht zu kurz zu kommen oder um uns zu behaupten. Unsere menschliche Weisheit gründet auf dieser Überzeugung – bis hin zu gewissen Theorien, die besagen, dass die Natur sich nur dadurch weiterentwickeln konnte, dass die Besten und Stärksten überlebt und sich fortgepflanzt haben, wodurch das Schwache folgerichtig ausgemerzt wurde. Kommen wir dann zum Glauben, leben wir häufig weiter gemäß dieser Überzeugung. So wie wir vorher meinten, uns einen Platz in dieser Welt erkämpfen zu müssen, denken wir nun, es im Reich Gottes in gleicher Weise tun und mit unserer Ellenbogenmentalität zu Werke gehen zu müssen.

So wie wir vorher meinten, uns einen Platz in dieser Welt erkämpfen zu müssen, denken wir nun, es im Reich Gottes in gleicher Weise tun und mit unserer Ellenbogenmentalität zu Werke gehen zu müssen.

? Wie viele Konflikte entstehen durch genau diese Haltung in Gottes Volk? Wie viele Machtkämpfe und Rivalität vergiften dadurch die Gemeinde Jesu? Wie viele Trennungen und Spaltungen kommen dadurch zustande? Warum kämpfst du?

Gottes Volk soll sich durch eine andere Gesinnung auszeichnen, weil Gottes Logik und Weisheit eine andere als die der Menschen ist:

Denn das Törichte Gottes ist weiser als die Menschen, und das Schwache Gottes ist stärker als die Menschen. Denn seht, eure Berufung, Brüder, dass es nicht viele Weise nach dem Fleisch, nicht viele Mächtige, nicht viele Edle sind; sondern das Törichte der Welt hat Gott auserwählt, damit er die Weisen zuschanden mache; und das Schwache der Welt hat Gott auserwählt, damit er das Starke zuschanden mache. Und das Unedle der Welt und das Verachtete hat Gott auserwählt, das, was nicht ist, damit er das, was ist, zunichtemache. (1. Korinther 1,25-28)

Wir sollen von Jesus Demut und Sanftmut lernen, und beide Eigenschaften drücken sich in Authentizität und Natürlichkeit aus. Jesus lehrt uns, dass sein Reich nicht von dieser Welt ist und dass dort andere Regeln herrschen als bei uns. Eine der Hauptherausforderungen für uns als Jesu Nachfolger besteht darin, von unserer Mentalität des Kämpfens befreit zu werden.

In fast allen Bereichen des täglichen Lebens kommen wir mit dem Thema „Macht" in Berührung. Schon im Kindergarten will einer über den anderen bestimmen. Für unsre Jungs war es immer von großer Bedeutung klarzustellen, wer denn nun der Boss ist [...] Inzwischen möchte ich behaupten, dass es kaum ein Beziehungsproblem gibt, aus dem so viel Unheil erwächst, bei Christen wie bei Nichtchristen. Machtkämpfe lassen Ehen und Ehebetten zu Kriegsschauplätzen werden, bringen Streit und Spaltung in christliche Werke und Gemeinden und belasten die Beziehungen von Eltern zu ihren Kindern. Es gibt kaum etwas Destruktiveres, als dass Menschen mit Macht um etwas kämpfen, sei es um Anerkennung, Positionen oder Einfluss. Warum ist das so? Es liegt daran, dass immer da, wo ein Mensch zu kämpfen anfängt, dies auf Kosten seiner Beziehungen geht.[49]

Jesus liefert uns ein vollkommenes Vorbild im Umgang mit der Macht, indem er sich jeder Form von Machtausübung versagt hat. Das bedeutet nicht, dass Jesus nicht auch konfrontativ und radikal sein konnte, wenn es um das Reich und die Ehre Gottes ging. Aber nie hat er Menschen zu etwas gedrängt oder sie zu etwas gezwungen, was sie nicht wollten. Er ließ den reichen jungen Mann fortgehen, obwohl er es lieber gesehen hätte, dass dieser ihm nachfolgte. Nirgendwo lesen wir, dass Jesus anderen seinen Willen aufgedrängt oder sich ungefragt in ihr Leben eingemischt hat. Sogar als Kranke sich an ihn wandten, fragte er genau nach, was sie von ihm wollten, bevor er irgendetwas tat.

Jesus ermutigt uns aufzuhören, für unsere eigenen Belange zu kämpfen, was jedoch nicht bedeutet, dass wir untätig sein sollen. Wir sind sehr wohl gefordert, unseren Glauben in Taten umzusetzen und uns dem geistlichen Kampf zu stellen, aber was uns selbst betrifft, ermuntert er uns, dem Vater im Himmel von ganzem Herzen zu vertrauen, sich ganz von ihm abhängig zu machen und ihn für sich sorgen zu lassen.

> *Deshalb sage ich euch: Seid nicht besorgt für euer Leben, was ihr essen und was ihr trinken sollt, noch für euren Leib, was ihr anziehen sollt! Ist nicht das Leben mehr als die Speise und der Leib mehr als die Kleidung? Seht hin auf die Vögel des Himmels, dass sie weder säen noch ernten, noch in Scheunen sammeln, und euer himmlischer Vater ernährt sie doch. Seid ihr nicht viel wertvoller als sie? Wer aber unter euch kann mit Sorgen seiner Lebenslänge eine Elle zusetzen? Und warum seid ihr um Kleidung besorgt? Betrachtet die Lilien des Feldes, wie sie wachsen: Sie mühen sich nicht, auch spinnen sie nicht. Ich sage euch aber, dass selbst nicht Salomo in all seiner Herrlichkeit bekleidet war wie eine von diesen. Wenn aber Gott das Gras des Feldes, das heute steht und morgen in den Ofen geworfen wird, so kleidet, wird er das nicht viel mehr euch tun, ihr Kleingläubigen?* (Matthäus 6,25-30)

Es dauert oft lange, bis wir endlich begreifen, dass nichts an Frucht oder Segensreichem in unserem Leben durch Heer, Kraft oder eigene Anstrengung geschieht, sondern einzig und allein durch seinen Geist, der in uns wirkt.

Wie oft geraten wir unter Druck und in „frommen“ Stress, weil wir meinen, für uns selbst kämpfen zu müssen, was unsere Dienste und unsere Aufgaben in der Gemeinde oder auch unser geistliches Wachstum anbelangt? Wie oft meinen wir, uns als extrageistlich erweisen zu müssen, sei es durch eine besonders hilfsbereite und demütige Haltung, besonderes Bibelwissen, durch eine besonders fromme Ausstrahlung oder auch besonderes Engagement, weil wir glauben, uns nur so einen guten Platz in der Gemeinde- oder Reich-Gottes-Hierarchie sichern zu können. Wir versuchen dadurch letztlich, uns selbst zu empfehlen, und übersehen dabei, dass bei Gott andere Spielregeln gelten: *Denn nicht, wer sich selbst empfiehlt, der ist bewährt, sondern der, den der Herr empfiehlt* (2. Korinther 10,18). Es dauert oft lange, bis wir endlich begreifen, dass nichts an Frucht oder Segensreichem in unserem Leben durch Heer, Kraft oder eigene Anstrengung geschieht, sondern einzig und allein durch seinen Geist, der in uns wirkt. Jesus hat uns von dem harten Joch unserer Mühsal befreit und versichert uns, dass seine Last leicht ist. Auch ein Jakob, dessen Geschichte wir im Alten Testament nachlesen können, hat dies lernen dürfen:

> *Jakobs neuer Name lautete „Israel", was übersetzt „Gotteskämpfer" heißt. […] Für den Namen Israel gibt es noch eine andere Übersetzung: „Gott wird kämpfen." In meiner Bibel steht an keiner Stelle, dass wir für irgendetwas kämpfen müssen, was uns selbst betrifft, weder um Ehre, Position, einen Dienst, unser Recht, Finanzen, einen Ehepartner. Wir sollen uns für sein Reich einsetzen, und alles Übrige wird hinzugetan. Wir müssen uns nicht abmühen, uns einen Platz im Leben, in Gottes Reich und seiner Gemeinde zu ergattern. Wir müssen uns nicht selbst empfehlen. Wenn Gott uns eine Tür öffnet, dann gibt es keinen, der das verhindern könnte. Er ist es, der beruft. Er ist es, der unsere Wege ebnet und jedes Hindernis, das sich uns in den Weg stellen mag, wegnimmt. Wenn wir ihm vertrauen und der Versuchung widerstehen, selbst ein wenig nachzuhelfen, wird er es tun. Wenn wir uns im Leben mit unserem Gott bewähren, dann wird er uns selbst empfehlen! Darauf zu vertrauen und an dieser Verheißung festzuhalten, egal, wie aussichtslos unsere Situation erscheinen mag, darauf kommt es an. Wir wollen Gott kämpfen lassen!*[50]

Wie gut tut es, sich dies immer wieder zu vergegenwärtigen! Unsere Seele kann aufatmen, wenn sie es lernt, Gott das sein zu lassen, was er uns sein will, nämlich derjenige, der uns unseren Platz in der Welt und in der Gemeinde gibt und diesen auch verteidigt.

6 „Findet Ruhe für eure Seelen!"

Jesus sagt uns, dass wir Ruhe finden, indem wir von ihm Demut und Sanftmut lernen. Ein demütiges Herz ist ein Herz, das bereit ist, ganz Mensch zu sein und Gott Gott sein zu lassen, ihn für sich eintreten und sorgen zu lassen, sodass es sich „leisten" kann, sanftmütig zu sein. Auf diesem Weg kann Friede in unser Leben und unsere Beziehungen einkehren, wir kommen zur Ruhe. Diesen Gedanken will ich im Folgenden noch vertiefen. In Zeiten, in denen es mir nicht gut geht, in denen ich mit mir unzufrieden bin, mir mein Mangel vor Augen steht und mich Selbstzweifel quälen, in denen ich unruhig darüber nachdenke, dass ich viel mehr Frucht bringen müsste, und der Ankläger mich bedrängt, hat mich immer wieder ein Vers begleitet und ermutigt: *Der HERR hat Großes an uns getan; des sind wir fröhlich* (Psalm 126,3; LUT). Sooft ich diesen Vers lese, macht er mir bewusst, dass der Herr nicht Großes an mir tun *wird*, sondern dass er bereits Großes und Überwältigendes an mir gewirkt *hat*. Ich denke über all die kleinen und großen Veränderungen nach, die in meinem Leben bereits sichtbar sind, an das große Maß an Heilung, das ich erfahren habe, und fange an, Gott dafür zu danken. Im Nachsinnen und Danken verändert sich dann meine Stimmung, in meinem Herzen kehrt Frieden ein.

Es ist uns nicht zuträglich, eine falsche Demut zu praktizieren. So riet mir meine Seelsorgerin einmal sehr eindringlich, ich solle doch mal stolz sein! Damals verstand ich das nicht, aber heute weiß ich, was sie meinte. Sie wollte damit sagen, ich solle mich endlich aus meiner verkrümmten Haltung aufrichten und mich zeigen mit dem, was ich bin und habe, es anerkennen und mich darüber freuen.

Einen zweiten Vers, der mit dem aus Psalm 126 in Verbindung steht, finde ich mindestens ebenso häufig in meinen Aufzeichnungen: „Gott wende ich mich zu, so wird es still in meiner Seele" (Psalm 62,2; nach Reiner-Friedemann Edel[51]). Es gibt ein untrügliches Zeichen, an dem ich ablesen kann, dass ich mich ihm wirklich zugewandt habe, und das ist die Ruhe, die in mein Herz einkehrt. Manchmal wende ich mich Gott nur halbherzig zu. Denn immer, wenn ich mit Selbstverdammnis zu kämpfen habe, bin ich versucht, mich von Gott zu entfernen. Unbewusst meine ich dann – obwohl ich es doch längst besser wissen sollte –, dass ich mich erst verbessern muss, bevor ich Gott unter die Augen treten darf.

> *Wenn wir versucht haben, Gott in der Vergangenheit auf religiöse Art und Weise zu dienen, dann ist eines der Dinge, von denen Sie Gott befreien möchte, dass Ihre Beziehung zu ihm von einem Schuld- und Angstbewusstsein geprägt ist. Falls Sie versucht haben, dieses Bewusstsein dadurch zu kontrollieren, dass Sie ihm gedient haben, um seine Gunst zu erlangen, wird das nicht ganz einfach sein. Aber solange uns Gott nicht von Schuld und Angst löst, die uns antreibt, werden wir seine Liebe nicht erfahren.*[52]

Wie aber können wir Befreiung von Angst und Schuldgefühlen erfahren? Auf welche Weise können wir aus aller Selbstverdammnis herausfinden? Ich habe aus dieser Bedrängnis nur herausgefunden, indem ich mich beherzt und entschlossen Gott zugewandt habe – allen inneren Einwänden zum Trotz. Wenn wir uns selbst verdammen, dann haben wir nur eine Chance: die Flucht nach vorn in die Arme Gottes, entgegen allen Gefühlen von Unwert und Schuld und entgegen jeglicher Tendenz zur Flucht. Das hat etwas mit Wahrhaftigkeit und Demut zu tun, denn Schuldgefühle spiegeln häufig nichts anderes als unsere edlen Absichten, die wir aber nicht umsetzen. Sie dienen dazu, uns bei allem Fehlverhalten doch wenigstens einen Anstrich von Gutwilligkeit zu verleihen. Und genau das ist ja der Kern unserer Gebrochenheit, dass der Ankläger in allen seinen Anklagen, die er gegen uns vorbringt, Recht hat. Ja, ich bin oft träge, geizig oder ungeduldig! Ja, ich bin fähig zu Neid und Eifersucht, Hass und Feindseligkeit, zu schlechten Gedanken und bösen Worten. Da sind immer noch Unarten und Fehlhaltungen in mir, die ich selbst nach über dreißig Jahren Glaubensleben noch nicht abgelegt habe. Es hilft ja alles nichts – so bin ich nun mal! Ja, es stimmt, ich bin Heilige und zugleich Sünderin:

Wenn wir uns selbst verdammen, dann haben wir nur eine Chance: die Flucht nach vorn in die Arme Gottes, entgegen allen Gefühlen von Unwert und Schuld und entgegen jeglicher Tendenz zur Flucht.

> *Wenn wir sagen, dass wir keine Sünde haben, betrügen wir uns selbst, und die*

Wahrheit ist nicht in uns. Wenn wir unsere Sünden bekennen, ist er treu und gerecht, dass er uns die Sünden vergibt und uns reinigt von jeder Ungerechtigkeit. Wenn wir sagen, dass wir nicht gesündigt haben, machen wir ihn zum Lügner, und sein Wort ist nicht in uns. (1. Johannes 1,8-10)

Aus diesem Grund habe ich mir angewöhnt, mich Gott zuzuwenden, mich in seine Arme zu werfen und ihm mein Versagen zu bekennen, wann immer anklagende Stimmen in mir laut werden, und zwar in der Weise, wie der Mystiker Bruder Lorenz es beschreibt:

Wenn ich in meinen Pflichten versage, gebe ich meine Fehler einfach zu und sage zu Gott: „Ich werde es nie anderes machen, wenn du mich mir selbst überlässt. Du selbst musst verhindern, dass ich falle, und du selbst musst ändern, woran es bei mir mangelt." Nach einem solchen Gebet gestatte ich mir keine weitere Unruhe.[53]

Bruder Lorenz macht uns vor, wie wir mit unserem Versagen umgehen können, ohne die Unart, uns selbst zu zerfleischen oder zu demontieren. Das ist geistlicher Kampf. Ich beharre auf meinem Platz im Vaterhaus. Ich widerstehe den Anschuldigungen Satans, indem ich ihm den Wind aus den Segeln nehme und ihm die Möglichkeit entziehe, mich weiter anzuklagen. Ich weigere mich, auf seine dunkle Stimme zu hören, sondern wende mich direkt an meinen Vater im Himmel und bekräftige die Grundlage unserer Beziehung: die Gnade. Paulus schreibt an die Römer: *Denn die Sünde wird nicht über euch herrschen, denn ihr seid nicht unter Gesetz, sondern unter Gnade* (Römer 6,14).

Nur, wenn wir uns der Gnade aussetzen, indem wir uns an Gott wenden, verliert die Sünde ihre Macht über uns. Ich bin überzeugt, dass Gott es liebt, wenn wir uns so auf ihn werfen. Nur in der Hinwendung zu ihm, in seiner Nähe und im Hören auf ihn, können die dunklen Stimmen in uns zum Schweigen gebracht werden, sodass es endlich still wird in unserer Seele, und nur dadurch hat Gott in uns Raum, die Vergebung und die Veränderungen in uns zu bewirken, die wir so nötig brauchen. Jakobsen beschreibt das so:

Das Leben in seiner Gnade führt zur Freiheit von der Sünde, Leben unter dem Gericht führt nur noch tiefer hinein. Das war schon immer so, auch wenn es sich dem menschlichen Verstand entzieht. Der Grund ist, dass wir viel mehr daran gewöhnt sind, durch äußeren Druck angepasst zu sein, als durch seine innere Gegenwart verändert zu werden. Viele, die Letzteres noch nie erfahren haben, zweifeln, dass es überhaupt funktioniert.[54]

Alle Veränderung hin zum Guten habe ich einzig und allein auf diesem Weg erfahren und nicht durch mein eigenes Bemühen. Dabei ist es wichtig, geduldig mit sich selbst zu sein, so wie Gott es ist, denn wir erinnern uns: Der alte Adam kann schwimmen! Wir dürfen also nicht verzagen, wenn unser altes, ängstliches, rebellisches Selbst, dieser alte Adam, sich immer wieder bemerkbar macht. Auch wenn er sich hin und wieder meldet, sollten wir uns weder darüber wundern noch erschrecken noch entmutigt sein. Es geht vielmehr darum, vor uns selbst und vor Gott ehrlich zu werden, denn im Zuge dessen werden unsere Schuldgefühle überflüssig.

Wie entspannend, sich nicht mehr rechtfertigen zu müssen; wie befreiend, Gott Gott sein zu lassen und sich selbst zu gestatten, ganz Mensch zu sein!

Wie entspannend, sich nicht mehr rechtfertigen zu müssen; wie befreiend, Gott Gott sein zu lassen und sich selbst zu gestatten, ganz Mensch zu sein! Wenn wir Gottes Größe erfahren wollen, müssen wir unsere Kleinheit zugeben, zulassen und sogar feiern. In diesem Sinne meinte Luther: „Wenn ihr schon sündigt – ihr könnt ja sowieso nicht anders –, dann tut es wenigstens fröhlich." Ich verstehe dies nicht als Einladung zum Sündigen, sondern zur Ehrlichkeit und Demut.

? Kann es sein, dass der Anfang der Lösung deines Problems darin besteht, nicht länger vor Gott wegzulaufen oder dich zu rechtfertigen?

Unser Herz soll bei Gott zur Ruhe finden. Angst und Schuldgefühle sollen nicht länger über uns herrschen. Alles, was uns ängstigt, bedrängt oder bedrückt, soll seine Macht über uns verlieren, so, wie es Teresa von Ávila in folgenden poetischen Versen beschreibt:

Nichts soll dich verstören,
nichts dich erschrecken,
alles vergeht,

Gott ändert sich nicht.
Geduld
erlangt alles;

wer Gott hat,
dem fehlt nichts,
Gott erst genügt.

Gott im Herzen begegnen

Bei einem Straßenfest kam ich ins Gespräch mit einem Freund unserer Nachbarn. Er erzählte mir von seinem stressigen Beruf als Krankenpfleger, von seinen Überlegungen, umzuschulen, und davon, dass er momentan an einer Ausbildung zum Schamanen teilnehme. Mich überraschte diese Eröffnung nicht, sind wir doch gerade im psychosozialen Bereich in zunehmendem Maße mit esoterischem und fernöstlichem Gedankengut konfrontiert. Interessiert fragte ich ihn, was er sich denn von dieser Schulung erhoffe, worauf er antwortete, dass er das Göttliche in sich suche. Darauf meinte ich, dass wir als Christen davon ausgehen, dass wir Menschen das Göttliche verloren haben und dass seine Suche daher vergeblich sein müsse. Auf seinen fragenden Blick hin erklärte ich weiter, dass Jesus Christus auf die Erde gekommen sei, um uns den Zugang zum Göttlichen wieder zu ermöglichen. Ich sagte ihm, dass wir nur durch Jesus den Zugang zu Gott erlangen könnten und dass es daher wichtig sei, Jesus unser Herz zu öffnen. Durch dieses Gespräch wurde mir wieder einmal klar, wie erschreckend „entchristlicht“ unser „christliches Abendland“ inzwischen ist und dass grundlegendes Wissen vom Evangelium nicht mehr vorhanden ist.

Jedoch hatte wohl zu allen Zeiten ein Großteil der Menschen, wenn auch kirchlich geprägt, keine Herzensbeziehung zu Gott und wusste nicht, wie man ihm begegnen kann. Häufig waren es die christlichen Mystiker, die die Menschen lehrten, wie sie mit Gott in Kontakt kommen könnten, und die ihnen das Geheimnis des Glaubens erklärten. Im Neuen Testament ist „Mysterium" ein Begriff für den verborgenen, ewigen Heilsplan Gottes und zentral im Neuen Testament. Jesus selbst spricht von diesem Geheimnis (Markus 4,11) und auch der Apostel Paulus:

> *... sondern wir reden Gottes Weisheit in einem Geheimnis, die verborgene, die Gott vorherbestimmt hat, vor den Zeitaltern, zu unserer Herrlichkeit. Keiner von den Fürsten dieser Welt hat sie erkannt – denn wenn sie sie erkannt hätten, so würden sie wohl den Herrn der Herrlichkeit nicht gekreuzigt haben –, sondern wie geschrieben steht: „Was kein Auge gesehen und kein Ohr gehört hat und in keines Menschen Herz gekommen ist, was Gott denen bereitet hat, die ihn lieben." Uns aber hat Gott es offenbart durch den Geist, denn der Geist erforscht alles, auch die Tiefen Gottes.* (1. Korinther 2,7-11)

Das Mysterium ist der Plan der Rettung, den Gott für seine Schöpfung erdacht hat und der durch die Menschwerdung, den Tod und die Auferstehung seines Sohnes wirksam ist.

In der lateinischen Kirche des Mittelalters waren Klöster Zentren der Mystik, die sich als Widerspruch zu der scholastischen Theologie entwickelte, welche mit wissenschaftlicher Rationalität an den damals neu gegründeten Universitäten betrieben wurde. „Der Glaube der Frommen vertraut, er diskutiert nicht", betonte Bernhard von Clairvaux. Zu den christlichen Mystikern zählen unter anderem Ignatius von Loyola, Hildegard von Bingen, der heilige Benedikt, Teresa von Ávila, Thérèse von Lisieux, Johannes vom Kreuz, Bruder Lorenz oder Meister Eckhard. Von ihnen sind uns viele Schriften erhalten geblieben, die gerade in unserer Zeit eine wahre Renaissance erleben – zu Recht, denn sie verbergen so manchen geistlichen Schatz. Daher zitiere ich sie, aber auch so manchen „modernen Mystiker" wie Andrew Murray, Leanne Payne oder Henri Nouwen häufig in diesem Buch.

Hauptmotiv christlicher Mystik ist das in Liebe zu Gott brennende Herz, und ihr höchstes Ziel ist die *unio mystica,* die mystische Liebesvereinigung mit Gott. Es geht darum, dass ein Mensch durch einen bewussten Entschluss sein Herz für Christus öffnet und dieser darin Wohnung nimmt (Offenbarung 3,20). Im Augenblick dieser Entscheidung wird das Göttliche in uns wiederhergestellt; die Anwesenheit Jesu strömt durch den Heiligen Geist in uns und erfüllt uns mit göttlichem Leben.

Diese Tatsache zeigte sich in meinem Leben unter anderem dadurch, dass ich Zusammenhänge der Bibel wie zum Beispiel den Heilsplan Gottes mit einem Mal verstand – was vorher nicht der Fall gewesen war. Wo die Heilige Schrift für mich vorher verwirrend und unverständlich gewesen war, öffnete sie mir nun das Tor zu Gottes Gedanken und wurde eine Quelle der Ermutigung, des Trostes und der Orientierung.

Die Präsenz des Geistes Jesu in uns ist eine mächtige Wirklichkeit. Dies erlebte auch mein Mann Rolf bei seiner familientherapeutischen Ausbildung. Er war auf einem Ausbildungswochenende mit dem Schwerpunktthema „Hypnotherapeutische Verfahrensweisen", zu dem ein Dozent eingeladen war, der mit der Gruppe eine afrikanische Rasseltrance durchführen wollte. Meinem Mann war klar, dass er daran nicht teilnehmen wollte; er war zwar anwesend, „klinkte" sich aber innerlich aus und fing an zu beten, als die Trance begann, während der Rest der Gruppe sich auf das Geschehen einließ. Nach einigen Minuten brach der Trainer plötzlich und sichtlich irritiert sein Ritual ab, weil irgendetwas „nicht stimme", und fragte in die Runde, ob jemand da sei, der sich gegen die Trance sperre. Mein Mann bejahte dies, worauf der Dozent ihn fragte, warum er sich nicht darauf einlasse? Rolf erklärte daraufhin, dass es für ihn als Christen hier eine klare Grenze gebe, und verwies dabei auf einen Text aus dem Alten Testament: *Es soll bei dir keinen geben … der das Losorakel befragt, Wolken deutet, aus dem Becher weissagt, zaubert, Gebetsbeschwörungen hersagt oder Totengeister befragt, keinen Hellseher, keinen, der Verstorbene um Rat fragt. Denn jeder, der so etwas tut, ist dem Herrn ein Gräuel* (5. Mose 18,10-11). Er erklärte, dass der Gott der Bibel Rituale und Beschwörungen dieser Art strikt untersage, weil diese Praktiken in Verbindung mit dunklen Geistesmächten führten, die sich gern als Engel des Lichtes präsentieren, in Wirklichkeit aber den Betreffenden letztlich zerstören. Das Ganze endete damit, dass der Trainer seine Trance abbrechen musste, da diese durch Rolfs bloße Anwesenheit nicht „funktionierte".

Die Apostelgeschichte berichtet in Kapitel 17 von der Predigt des Apostels Paulus auf dem Areopag. Paulus sagt darin sehr Grundlegendes über den Gott, der den Athenern zwar noch nicht bekannt war, dem sie aber schon im Erahnen seiner Existenz einen Altar geweiht hatten mit der Inschrift: Dem unbekannten Gott. Sich darauf beziehend verkündet Paulus das Evangelium von Jesus Christus: *Gott wohnt nicht in Tempeln, die von Menschenhand gemacht sind* (17,24). Ins Zentrum seiner Predigt stellt der Apostel, worin sich der christliche Glaube von allen anderen Religionen unterscheidet: Der lebendige, allmächtige Gott verweilt nicht in himmlischen Sphären oder in irgendwelchen sakralen Gebäuden, sondern beugt sich zu uns herab und sucht die Beziehung zu uns Menschen. *Denn in ihm leben und weben und sind wir* (17,28), das heißt, dass jeder Einzelne von uns in Gottes ständige Anwesenheit eingehüllt ist. Dieser Gott will mehr, er möchte eine noch tiefere Gemeinschaft mit uns eingehen. Er geht so weit, dass er uns nicht nur umhüllen, sondern sogar in unserem Herzen Wohnung nehmen will. Eine unglaubliche Aussage! Um Gott begegnen zu können, muss kein Mensch mehr zu irgendeinem Heiligtum pilgern oder einen bestimmten spirituellen Ort aufsuchen. „Dieser Gott wohnt nicht in Tempeln", sagt Paulus. Nein, der Ort, an dem er uns begegnen will, ist unser Herz. Das ist etwas Einzigartiges! Genau dies ist das Mysterium der Inkarnation, des Innewohnens: *Christus in uns, die Hoffnung der Herrlichkeit* (Kolosser 1,27). Wir sind von Gottes Gegenwart umhüllt und gleichzeitig können wir ihm in unserem Inneren begegnen: Ich in ihm und er in mir!

Der Ort, an dem er uns begegnen will, ist unser Herz. Das ist etwas Einzigartiges! Genau dies ist das Mysterium der Inkarnation, des Innewohnens.

Jesu Gegenwart in uns ist eine Tatsache; er lebt in mir, auch wenn ich das an manchen Tagen weder fühle noch glauben kann. Vor einiger Zeit durchlitt ich eine depressive Krise. Ich hatte zu diesem Zeitpunkt schon vieles aus meiner Vergangenheit aufgearbeitet, hatte innere Heilung erfahren und war daher ziemlich ratlos – ich verstand Gott nicht. Als ich in dieser Krise emotional durch die Hölle ging, war es mir fast unmöglich, an seine liebevolle Gegenwart zu glauben. Im Gegenteil, ich fühlte mich von ihm vollständig verlassen. Als ich meine Verzweiflung vor meiner Seelsorgerin – es war Christa Bernitz, von der einige der Gebete in diesem Buch sind – herausheulte und sie fragte, wie es denn sein könne, dass Gott in meinem Herzen präsent ist, wenn doch gleichzeitig solch dunkle Gefühle darin sind, sagte sie: „Unser Herz ist dermaßen verwundet, dass nur Gottes Liebe es zusammenhalten kann. Wenn er nicht in unserem Herzen Wohnung genommen hätte, würde es ganz und gar auseinanderbrechen."

Mir half dieses Bild, und ich stellte mir Gottes Liebe als eine Art Balsam vor, der mein Herz durchdringt, in alle seine Räume hineinfließt und es wie ein heilsamer Klebstoff zusammenfügt und ganz macht. Als ich weiter darüber nachdachte und betete, kam mir noch ein anderer Vergleich. Ich „sah" mein Herz wie eine Wohnung vor mir, mit vielen Zimmern und Kammern. In diesen Räumen bewegte sich eine Person. Es war jemand, der in ruhiger Geschäftigkeit und mit aufmerksamem Blick von Raum zu Raum ging. Wie eine Hausfrau, die in ihrem Heim nach dem Rechten sieht, aufräumt, Dinge ordnet und pflegt. Die Möbel und Gegenstände, die meine Herzensräume füllten, waren meine Gefühle und Gedanken, alle Sehnsüchte und Sorgen, meine inneren Bedrängnisse, ja, alle Herzensangelegenheiten. Und um diese kümmerte die Person sich, die ich als Jesus erkannte; er griff nach ihnen, nahm sie in Augenschein, reinigte sie und brachte sie dann Stück für Stück in die rechte Ordnung. Das alles geschah sehr entspannt und gleichzeitig sehr zielgerichtet.

Beim Betrachten dieser Szene spürte ich, dass ich ruhig wurde und dass Friede wie ein warmer Strom in mich floss. Zuversicht und eine tiefe Beruhigung darüber, dass Gott in mir wirkte, wuchsen in mir sowie ein fester Glaube, dass er gekommen war, um mich wiederherzustellen. Das geschah dann auch in den nächsten Wochen und Monaten.

„Man sieht nur mit dem Herzen gut, das Wesentliche ist für die Augen unsichtbar", erklärt der Fuchs dem kleinen Prinzen in dem Märchen von Antoine de Saint-Exupéry. Die wesentlichen Zusammenhänge und Umstände, die das Unsichtbare betreffen, können wir oft weitaus besser mit dem Herzen begreifen als mit unserem Verstand. So verstand ich Gottes tröstliche Botschaft sofort über das Bild der Herzenswohnung, denn die Sprache des Herzens sind Symbole, Bilder, Gleichnisse und Metaphern.

Die Bibel ist voll mit solchen guten und heilsamen Symbolen und Bildern; sie stellt uns einen Fundus von Gleichnissen und zeichenhaften Handlungen zur Verfügung. Wir sollen unser Herz damit füllen; es soll zu einem Speicher der guten Symbole Gottes werden, denn sie übermitteln uns oftmals viel treffsicherer und verständlicher Gottes Vorstellungen, Pläne und seine Botschaften, als es Worte tun könnten. Durch Bilder und Metaphern verstehen wir Gottes Wesen und Wirken, geistliche Zusammenhänge, können Einblicke in Gottes Pläne oder seine Sichtweisen und Beurteilungen erhaschen. Durch menschliche Bilder wie Freund, Vater oder Hirte macht Gott uns außerdem klar, wie er ist und wie er zu uns steht.

Schon seit jeher hat Gott sich den Menschen auf verschiedene Weise offenbart: einem Mose im brennenden Dornbusch, einem Elia im sanft säuselnden Wind, dem Volk Israel als Feuersäule, zu Jesu Taufe als Taube, den Aposteln als Feuerzungen zu Pfingsten. Ich begriff anhand der Metapher der Wohnung, dass Gott sich gleich einer sorgsamen Hausfrau um alle Belange kümmerte, die mich damals beunruhigten. Ich verstand, dass er dieses Werk bereits in Angriff genommen hatte und dabei war, mich zu heilen, zu reinigen und zu befreien, und dass er nicht eher ruhen würde, als bis er alles wieder in die rechte Ordnung gebracht hätte. Das hatte eine unglaublich tröstliche Wirkung auf mich.

Wir können die Botschaften Gottes, die er uns auf dem Wege unserer Vorstellung und Intuition schenken will, nur empfangen, wenn wir lernen, mit den Augen unseres Herzens zu sehen. Dafür müssen wir aber unsere gottgegebene Vorstellungskraft nutzen. Für mich bedeutete das ganz konkret, dass ich meine Augen schloss und mir mein Herz bildlich vorstellte, zunächst gebrochen und dann durchtränkt von heilsamem Balsam. Als ich dann dieses Bild innerlich vor mir sah und betrachtete, entwickelte es sich kraft meiner durch Gott inspirierten Fantasie weiter, sodass es zur Wohnung wurde.

Es gibt Christen, die meinen, Gott rede nicht auf diesem Weg zu uns. In der Tat sind viele von uns so kopflastig, dass sie blind sind für die Bilder, die in ihrem Herzen aufsteigen, oder gar nicht auf die Idee kommen, dass Gott ihnen durch sie etwas sagen will. In vielen ist die Gabe der Vorstellungskraft verkümmert. Manch einer braucht regelrecht Befreiung, damit diese Fähigkeit, die viel mit Intuition zu tun hat, in ihm freigesetzt und wiederhergestellt wird. Leanne Payne nennt diese Gabe Gottes, die wir bewusst dem Heiligen Geist zur Verfügung stellen sollen, „geheiligte Vorstellungskraft“. Der Heilige Geist will diesen Weg nutzen, um uns das zu schenken, was wir so dringend benötigen, so wie mir in jener Situation.

Schon Oswald Chambers weist in seinem Klassiker *Mein Äußerstes für sein Höchstes* auf die Notwendigkeit hin, sich dieser Gabe zu bedienen: „Die Einbildungskraft ist die größte Gabe, die Gott uns verliehen hat, und wir sollen sie ihm ganz weihen.“[55]

Unsere Vorstellungkraft lässt abstrakte Begriffe für uns erleb- und greifbar werden, und so wird unser Herz angesprochen. Die Gabe der Prophetie geht mit der Gabe der Vorstellungskraft in der Regel Hand in Hand. Propheten sind häufig Menschen, die stark in Bildern denken und „sehen“. In einer Gebetszeit hatte eine Frau, die für mich betete, einen solchen bildhaften Eindruck. Sie „sah“, wie sich ein mächtiger Adler sehr behutsam auf meinem Kopf niederließ und mit seinen Schwingen meine Ohren bedeckte. Für mich war dieses Bild von großer Bedeutung, denn ich litt gerade in jener Zeit unter den dunklen, entmutigenden Stimmen, von denen ja schon die Rede war. Ihre Botschaften bedrängten mich so sehr, dass ich in der Gefahr stand, mich ständig selbst zu beobachten, aus Angst, emotional „abzurutschen“. Ich fühlte mich geistlich stark angegriffen.

Das Bild dieser Frau sprach mitten in mein geängstigtes Herz hinein. Sie hätte auch sagen können: „Der Herr steht dir bei, er hilft dir im Kampf gegen die dunklen Stimmen“, aber das hätte längst nicht die Wirkung gehabt, die dieses Bild besaß. Die starke Symbolik des Eindrucks war ein mächtiger Trost, der mitten in meine Bedrängnis traf und mir vermittelte, in welcher Weise Gott mir beistand: Als „König der Himmel“ verschloss er meine Ohren gegen jegliche Entmutigung, Einschüchterung und Anklage. Er selbst kämpfte für mich und nahm mich gleichzeitig unter seine Fittiche – was für ein Zufluchtsort! Gerade im geistlichen Kampf hilft uns unsere Vorstellungskraft. So konnte ich immer dann, wenn ich mich unter Beschuss fühlte, dieses Bild „abrufen“, in mich hineinspüren und merken, wie es eine beruhigende Wirkung auf mich ausübte.

Unser Gebet kann sich von einer langweiligen Pflichterfüllung zu etwas sehr Lebendigem und Spannenden entwickeln, wenn wir unsere Vorstellungskraft nutzen. Jesus sagt: *Siehe, ich stehe an der Tür und klopfe an; wenn jemand meine Stimme hört und die Tür öffnet, zu dem werde ich hineingehen und mit ihm essen, und er mit mir* (Offenbarung 3,20). Er gebraucht eine Metapher, wie das fast immer der Fall ist, wenn er den Menschen das Handeln und das Reich Gottes erklären will; er redet im Gleichnis, um uns begreiflich zu machen, in welcher Weise er mit uns Gemeinschaft haben will. Er gebraucht für geistliche Vorgänge irdisch-menschliche Symbole wie die Haustür oder das gemeinsame Essen, um uns verständlich zu machen, wie nah er uns sein will. Wo will er uns begegnen? In unserem Herzen! Es ist eine gute geistliche Übung, sich entspannt hinzusetzen, die Augen zu schließen und sich vorzustellen, wie dies geschieht. Wie sehe ich den Ort der Begegnung – mein Herz – vor mir? Vielleicht wird unser Herz zu einer grandiosen Landschaft oder einem geschmückten Thronsaal, wo Gott uns treffen will. Teresa von Ávila beschreibt das sehr schön:

Unser Gebet kann sich von einer langweiligen Pflichterfüllung zu etwas sehr Lebendigem und Spannenden entwickeln, wenn wir unsere Vorstellungskraft nutzen.

> *Macht euch bewusst, dass in eurem Innern ein Palast von übergroßem Wert ist, ganz aus Gold und Edelsteinen erbaut, genau passend für einen solchen Herrn; und dass ihr […] viel vermögt, dass das Gebäude so prächtig ist, wie es ja tatsächlich auch ist – es gibt nämlich kein Gebäude von solcher Schönheit wie eine reine, von Tugenden erfüllte Seele, und je größer diese sind, um so herrlicher schimmern die Edelsteine –, und dass in diesem Palast dieser große König, der es für gut befunden hat, euch Vater zu sein, auf einem überaus prächtigen Thron sitzt, der euer Herz ist.*[56]

Teresa betont immer wieder die Schönheit der Seele, in der Jesus Einzug gehalten hat. Ein Herz ohne Jesus ist wie ein vernachlässigter Garten, der nicht gepflegt und mit Wasser versorgt wird. Sobald wir unser Herz jedoch für Jesus öffnen, ändert sich der Zustand unsers „Herzensgartens“: *Und beständig wird der HERR dich leiten, und er wird deine Seele sättigen an Orten der Dürre und deine Gebeine stärken. Dann wirst du sein wie ein bewässerter Garten und wie ein Wasserquell, dessen Wasser nicht versiegen* (Jesaja 58,11).

Vielen hilft es, sich das Herz als Garten vorzustellen, so wie es Jesaja beschreibt. Wir können diesen Garten nach und nach vor unserem inneren Auge entstehen lassen: seine Einfriedung, sein Tor, seine Bepflanzung. Und dann „sehen" wir, wie Jesus in unseren Garten eintritt, wir begegnen ihm, sprechen mit ihm, hören seine Stimme. Was sagt er? Hören wir, was er uns mitteilt? Vielleicht haben wir eine Frage an ihn, die wir ihm schon lange stellen wollten.

Irgendwann fragte ich Jesus in einer solchen Zeit im Hinblick auf eine berufliche Entscheidung, die ich vor Jahren getroffen und die finanzielle Nachteile zur Folge gehabt hatte, ob ich damals nicht doch hätte anders entscheiden sollen. Er antwortete mir: „Es wäre zwar leichter gewesen, aber nicht besser", und die Last fiel von mir ab. Nicht immer höre ich den Herrn so klar, aber hin und wieder ist es mir vergönnt. Gespräche, die wir mit ihm in unserem Herzensgarten führen, erinnern mich an den Anfang der Bibel, wo beschrieben wird, wie Adam mit Gott in der Abendkühle plaudernd und in vertrauter Zweisamkeit im Garten Eden spazieren geht.

Die Herzenstür öffnen und Jesus einlassen – ich war neunzehn Jahre alt, als ich diese Entscheidung still für mich traf. Die positive Veränderung meines Wesens, die das mit sich brachte, war für eine Freundin so offensichtlich und erstaunlich, dass sie mich fragte, was mit mir geschehen sei. Sie wollte wissen, wie sie das auch bekommen könne, was ich offensichtlich erhalten hatte. Auch sie öffnete sich damals bewusst für Jesus. Gleichgültig, wie alt wir sind, wir können diesen Schritt zu jedem Zeitpunkt unseres Lebens vollziehen. Die Hauptsache ist, *dass* wir Jesus in unser Herz einladen, denn er würde sich nie ungebeten Zugang verschaffen, weil er unseren Willen achtet.

Teresa von Ávila schreibt: „Weil Gott überall ist, kann unsere Seele ihn auch in ihrem Inneren finden. Sie braucht nur die Einsamkeit aufzusuchen, um ihn mit ihren Augen der Seele anzuschauen, ihn anzusprechen wie einen Vater und es sich bei ihm gut gehen lassen."[57] Dies ist eine wunderbar einfache Beschreibung von der Art der Beziehung, die Gott sich zu uns wünscht; alles Komplizierte hat hier keinen Platz. Gott möchte uns, so schreibt Teresa weiter, von allem Angestrengten befreien bis hinein in unser Gebetsleben: „Beten ist meiner Meinung nach nichts anderes als Verweilen bei einem Freund, mit dem wir oft und gern allein zusammenkommen, einfach um bei ihm zu sein, weil wir sicher sind, dass er uns liebt.“[58]

Christa Bernitz drückt in einem Gebet ihre Freude darüber aus, dass Jesus gern in unserem zerrissenen, gebrochenen Herzen wohnt, obwohl wir so oft daran zweifeln:

Christus in mir
Du, Herr,
wohnst in meinem Herzen.
Unvorstellbar –
denn dieses Herz
ist verwundet,
verzagt,
ängstlich
und töricht.
Zugleich verstockt,
unverständig
und feige.
Dieses Herz
hat dunkle Stellen,
für die ich mich schäme,
die ich verstecken möchte.
Da höre ich deine Stimme:
„Ich lebe gern in dir!“
Du ermutigst mich
zur Selbstannahme.
Deine Vollkommenheit
lebt in meiner Bedürftigkeit.
Du in mir – ich in dir.
Wir sind eins.
Was für ein Glück![59]

Das Gute empfangen, das andere schenken

Wir können nur lieben, wenn wir zuvor geliebt worden sind, und wir können nur geben, wenn wir zuvor etwas empfangen haben. Unser Leben wird fruchtbar durch das Wissen und die Erfahrung, dass wir Kinder Gottes, Heilige und Geliebte sind. Unser Hunger nach Bestätigung, nach Anerkennung und Liebe soll zuerst bei unserem himmlischen Vater gestillt werden. Denn nur dann ist gewährleistet, dass wir unseren Selbstwert oder unsere Befriedigung nicht bei Menschen, Materiellem oder Ideellem suchen. Wenn wir unsere Bestätigung zuerst bei Gott bekommen, können wir Sättigung auch bei Menschen erfahren, ohne in Abhängigkeiten zu geraten oder uns und den anderen zu überfordern.

Die Bindung an Gott befähigt uns zu gelingender Gemeinschaft, denn Gott will sehr wohl, dass wir *auch* in unseren menschlichen Beziehungen Erfüllung finden, wenn er feststellt: *Es ist nicht gut, dass der Mensch allein sei* (1. Mose 2,18). Er hat uns als Mit-Menschen geschaffen, und die Sehnsucht nach der Liebe des anderen lebt in jedem von uns. Wir brauchen Mit-Menschlichkeit, das Wissen und die Erfahrung, dass wir in menschliche Gemeinschaft eingebunden sind, dass wir nicht allein sind, denn wir sollen voneinander profitieren – im Geben und im Nehmen.

Wenn wir unsere Bestätigung zuerst bei Gott bekommen, können wir Sättigung auch bei Menschen erfahren, ohne in Abhängigkeiten zu geraten oder uns und den anderen zu überfordern.

Die meisten Menschen, die ich kenne, geben wirklich gern. Die allermeisten, die mir begegnen, sind hilfsbereit, das fällt mir immer wieder auf: Nachbarn, die gern etwas ausleihen, Leute, die mir in fremder Umgebung freundlich den Weg erklären, Geschwister, die mich unterstützen oder für mich beten, wenn es mir schlecht geht. Wie viel Zuwendung und wie viele Liebesbeweise erhalte ich immer wieder von meinen Mitmenschen! Selten, dass mir eine Bitte abgeschlagen wird. Die Bibel sagt, dass Geben seliger sei als Nehmen (Apostelgeschichte 20,35). Das mag stimmen, aber dennoch scheint es so zu sein, dass in vielen Kontexten Nehmen schwerer ist als Geben. Ich behaupte an dieser Stelle, dass es viele gibt, die sich in der Position des Gebenden weitaus wohler fühlen als in der des Nehmenden. Irgendwie scheint es für uns leichter zu sein, dem anderen etwas zu schenken, als selbst etwas zu empfangen.

Manchmal erhält man Einladungen mit der ausdrücklichen Bitte, kein Geschenk mitzubringen. Ich wundere mich über mich selbst, wie schwer es mir fällt, wirklich mit leeren Händen zu erscheinen. Oder folgende Situation: Es ist Weihnachten und man wird von irgendjemandem beschenkt, man selbst hat aber im Gegenzug kein Geschenk für denjenigen, weil man nicht daran gedacht hat. Wie viele machen sich dann noch in letzter Minute auf den Weg und hetzen sich ab, nur, um noch irgendetwas zu besorgen?! Wie schwer fällt es uns, etwas einfach so zu empfangen und anzunehmen, ohne uns revanchieren zu können! Wie viele können auch nur schlecht damit umgehen, wenn ihnen jemand ein Kompliment macht! Ich kenne manch einen, der sich windet und abwinkt, wenn ihn jemand lobt, anstatt einfach „Danke" zu sagen. Auch stelle ich immer wieder fest, wie viele Leute ein Problem damit haben, sich von anderen einfach mal fest in den Arm nehmen und sich herzlich und ausgiebig – Betonung auf ausgiebig – drücken zu lassen. Ähnlich scheint es uns oft mit Gott zu gehen: Es fällt uns schwer, einfach nur zu empfangen; immer wollen wir etwas zurückgeben. Daher haben wir auch solche Schwierigkeiten mit der Gnade …

Wir kennen die Geschichte von der fleißigen, betriebsamen Marta und ihrer Schwester Maria, die es sich zu Jesu Füßen bequem macht. Als Marta sich über die Untätigkeit Marias beschwert, betont Jesus ausdrücklich, Maria habe, im Gegensatz zu ihrer Schwester, den besseren Teil für sich gewählt. Er würdigt Marias Fähigkeit, es sich bei ihm gut gehen zu lassen, seine Nähe zu genießen und seine Worte in sich aufzunehmen. Maria hat offensichtlich keine Schwierigkeiten mit dem Nehmen, ihre dienstbeflissene Schwester offenbar schon. Jesus schätzt Martas Dienstbereitschaft sicher ebenfalls, aber er hebt Marias Fähigkeit hervor, einfach nur da zu sein und zu empfangen. Und dennoch: „Martha und Maria (Luk. 10,38-42) müssen zusammenbleiben – jede auf ihre Art –, um den Herrn aufzunehmen und ihn für immer bei sich zu haben."[60]

Wir müssen es lernen zu empfangen. Selbst Jesus war dazu bereit: Im Garten Gethsemane, während jener finsteren Stunden vor seiner Hinrichtung, im Angesicht der Qualen, die auf ihn warteten, scheute er sich nicht, drei seiner Jünger um Beistand zu bitten. Er ließ es zu, dass sie

Zeugen seines Entsetzens, seiner Ängste und seines Ringens wurden – ein Beweis äußerster Demut. Er, der Sohn Gottes, bat sie, ihn im Zustand größter Schwachheit und Bedürftigkeit nicht allein zu lassen und mit ihm zu wachen. Wie wir wissen, versagten die drei Jünger allerdings jämmerlich (Matthäus 26).

Leider fällt es uns oft schwer, Gutes von anderen anzunehmen. Im Zusammenhang damit will ich auf ein Phänomen zu sprechen kommen, das ich in einigen Hauskreisen beobachten konnte. Da kommen liebenswerte Geschwister zusammen, es wird viel geredet und ausgetauscht, es wird miteinander gebetet, aber irgendetwas fehlt, denn wenn ich anschließend nach Hause gehe, bin ich oft nicht wirklich zufrieden. Irgendetwas ist in mir leer geblieben. Wir haben zwar theoretisch über ein geistliches Thema gesprochen, aber es gibt keinen oder nur wenig Austausch von Herz zu Herz, wenig Begegnung, die mich innerlich berührt. Häufig erlebe ich eine gewisse Verhaltenheit, Persönliches mitzuteilen, und zwar das, was den Einzelnen wirklich bewegt und in ihm vorgeht.

? Warum ist das so? Was versuchen wir, voreinander zu verbergen? Warum sind wir manchmal so verschämt und gehemmt?

Eine Antwort darauf fand ich bei einer Unterhaltung mit meinem Mann Rolf. Er erzählte mir, dass er früher mit einer inneren Abwehr reagiert habe, wenn jemand im Rahmen eines Segnungsgottesdienstes auf ihn zugekommen sei und ihn gefragt habe, ob er für ihn beten könne. Später sei ihm klar geworden, warum das so war. Ihm habe sich in solchen Fällen nämlich die Frage aufgedrängt, ob er einen solch offensichtlich bedürftigen Eindruck mache, dass andere sich dazu gedrängt fühlten, ihm ihr Gebet anzubieten. In der Rolle von jemandem, der auf Hilfe angewiesen ist, habe er sich nicht wohl gefühlt und sich dagegen gewehrt. Kann es sein, dass es vielen von uns auch so ergeht? Und dass wir deswegen lieber im Allgemeinen bei unseren Gesprächen bleiben, statt wirklich offen zu werden?

Eins der Hauptthemen von Teresa von Ávila war das „innere Gebet". Sie hatte es für sich während einer schweren Krankheit entdeckt, als sie fast gestorben wäre. Es wird berichtet, dass befreundete Priester sie dazu aufforderten, ihre geistlichen Erkenntnisse niederzuschreiben. Als die Schwestern ihres Ordens schließlich Teresas Werk in die Hände bekamen und „geistliche Ergüsse“ erwarteten, wurden sie arg enttäuscht. In den ersten fünfzehn Kapiteln schrieb sie nämlich zunächst einmal ausführlich über ganz gewöhnliche zwischenmenschliche Verhaltensweisen; es gab also keinerlei Berichte über mystische Erfahrungen und göttliche Offenbarungen zu Beginn des Buches, sondern „einfach nur“ Anregungen und Ausführungen, wie die Schwestern in ihrem tagtäglichen Umgang miteinander leben sollten. Diese Kapitel handelten immer wieder von Demut, von Echtheit und Wahrhaftigkeit im Umgang mit sich selbst und den Schwestern. Teresa sah darin ein wesentliches Fundament für menschliche und geistliche Reife, und ich glaube ebenfalls, dass dies so ist: Geistliches Reifen ist immer auch (mit-)menschliches Reifen und umgekehrt. Wir werden nur dann geistlich reifer, wenn wir in unserer Mitmenschlichkeit und Beziehungsfähigkeit reifen, und diese bestehen in großem Maße darin, dass wir uns voreinander in Demut und Wahrhaftigkeit zeigen, einander unsere Herzen öffnen, mitsamt unserer Gebrochenheit, Schwachheit und Bedürftigkeit, dass wir unseren Schmerz, unsere innere Einsamkeit, unsere Selbstzweifel und unser Versagen nicht voreinander verbergen.

Geistliches Reifen ist immer auch (mit-)menschliches Reifen und umgekehrt. Wir werden nur dann geistlich reifer, wenn wir in unserer Mitmenschlichkeit und Beziehungsfähigkeit reifen.

Auf diesen „Wandel in der Wahrheit“, wie Teresa es ausdrückt, möchte ich in meinen Beziehungen nicht mehr verzichten – aber ganz ehrlich: Leicht fällt mir das immer noch nicht! Ich teile mein Leben gern mit anderen, wenn ich gut drauf bin und voll des Glaubens – dann öffne ich mich vor meinen Geschwistern ohne Probleme. Ich mag es hingegen überhaupt nicht, mich anderen gegenüber schwach und bedürftig zu zeigen. Ich weine nicht gern in Gegenwart anderer. Ich rede stattdessen lieber über meine Erfolge, über Dinge, die mir gelungen sind. Aber an meinen Pleiten, Pech und Pannen oder meinen Blamagen gebe ich anderen äußerst ungern Anteil. Jedoch ist unser Wandel in der Wahrheit die Voraussetzung dafür, dass unsere geöffneten Herzen göttliche und menschliche Zuwendung erfahren können, die im Gebet füreinander zusammenfließen:

Gebet und Segnung sind nicht „schmückendes Beiwerk", um zu schönen religiösen Erfahrungen zu verhelfen. Sie sind grundlegender Bestandteil unseres Dienstes und Quelle der Entfaltung der Kraft des Heiligen Geistes, der Liebe Gottes und damit seiner Erkenntnis und Quelle seiner heilsamen und heilenden Zuwendung.[61]

Gott hat sich nun mal das Schwache erwählt. Er liebt es geradezu, seine Herrlichkeit in vergängliche, irdene Gefäße aus Fleisch und Blut zu füllen: *Wir haben aber diesen Schatz in irdenen Gefäßen, damit das Übermaß der Kraft von Gott sei und nicht aus uns* (2. Korinther 4,7). Er liebt es, wenn aus den Löchern und Blessuren dieser Gefäße sein wunderbares Licht in eine Welt voll Finsternis und Leid fließt. Je stärker die Gefäße gebrochen sind, je mehr Risse sie haben, umso durchlässiger sind sie für den hellen Schein, umso mehr kann heilsames Licht in die Umgebung ausströmen, das Dunkel erhellen und Hoffnung und Orientierung verbreiten. Gott ist ein Meister darin, unser Unvermögen, unseren Schaden und Mangel in Gutes zu verwandeln; er vermag es, unsere Gebrochenheit zum Gegenstand seiner Verherrlichung zu machen und zum Segen für viele. Wenn ich das verinnerliche, findet meine Seele, die sich oft so sehr abmüht, um ihre Schwachheit zu überwinden, zur Aussöhnung mit sich selbst.

Als ich vor einiger Zeit über diese Dinge nachdachte, schrieb ich folgende Zeilen in mein Tagebuch:

Mein empfindsames Herz –
lange hatte ich es vor mir versteckt und auch vor dir
(warum auch immer –
vielleicht wollte ich nicht
so bedürftig sein
und so verletzlich?).
Doch nun spüre ich es wieder,
wie es klopft und pulsiert,
hungrig und empfänglich
für deine Liebe und Berührung.
So geöffnet wird es warm,
dehnt sich aus

und kann empfangen
all das Gute,
das so lang schon wartet.

Gut zu sich selbst sein

Wir dürfen die Liebesbeweise anderer genießen, aber wir sollen auch lernen, uns selbst zu lieben. Die zehn Gebote sind den meisten von uns vertraut, und wenn wir sie vielleicht auch nicht alle in der richtigen Reihenfolge aufzählen können, so ist uns doch in der Regel das wichtigste Gebot bzw. Jesu Zusammenfassung der Gebote geläufig: *Du sollst den Herrn, deinen Gott, lieben aus deinem ganzen Herzen und mit deiner ganzen Seele und mit deiner ganzen Kraft und mit deinem ganzen Verstand und deinen Nächsten wie dich selbst* (Lukas 10,27). Gott zu lieben und unsere Mitmenschen – das haben wir schon im Kindergottesdienst gehört. Aber das kleine „Wie dich selbst" überhören wir oftmals. Wir sollen uns in der Gottes-, Nächsten- und sogar Feindesliebe üben, aber ebenso sollen wir uns selbst lieb haben.

„Sich selbst lieben, ist das nicht selbstsüchtig?" – diese Frage höre ich immer wieder. Als wir in einem Seminar darüber sprachen, meinte eine Teilnehmerin, ihr Pastor habe letztens über diese Textstelle gepredigt, insbesondere über die Nächstenliebe. Er habe gemeint, es genüge, wenn wir uns darauf konzentrierten. Uns selbst zu lieben, das täten wir ja sowieso schon genügend, das müssten wir nicht erst lernen. Ich kann dem nicht zustimmen. Es mag sein, dass einige von uns selbstbezogen oder gar narzisstisch sind, aber das bedeutet noch lange nicht, dass wir uns wirklich selbst lieb haben. Sich selbst zu lieben ist nämlich schwerer, als wir manchmal meinen, weil wir so sehr auf unseren Mangel und unsere Schwachstellen fokussiert sind.

Sich selbst zu lieben bereitet vielen von uns Schwierigkeiten, weil wir uns mit der Liebe im Allgemeinen so schwertun. So fallen viele von uns in Selbstverdammnis, wenn sie sich mit den Anforderungen befassen, die die Bibel in puncto Liebe an uns stellt:

Meine Kinder, unsere Liebe darf nicht nur aus schönen Worten bestehen. Sie muss sich in Taten zeigen, die der Wahrheit entsprechen: der Liebe, die Gott uns erwiesen hat. Daran werden wir erkennen, dass die Wahrheit Gottes unser Leben bestimmt. Damit werden wir auch unser Herz vor Gott beruhigen können, wenn es uns anklagt, weil unsere Liebe doch immer Stückwerk bleibt. Denn wir dürfen wissen: Gott ist größer als unser Herz und weiß alles, er kennt unser Bemühen wie unsere Grenzen. Ihr Lieben, wenn unser Herz uns nicht mehr anklagt, dann können wir mit Zuversicht zu Gott aufschauen. Wir erhalten von ihm, worum wir bitten, weil wir seine Gebote befolgen und tun, was ihm gefällt. (1. Johannes 3,18-21; GNB)

Es geht in diesen Versen um die Liebe. Jeder von uns sehnt sich danach, zu lieben und geliebt zu werden. Aber gleichzeitig tun wir uns oft unendlich schwer mit beidem. Jemand hat das einmal so ausgedrückt: „Wir Menschen haben immer zu wenig." Wir wollen lieben, aber wir spüren unseren Mangel und manchmal auch unsere Unfähigkeit dazu. Wir möchten geliebt werden, aber wir erleben es nicht oder verhindern es sogar selbst. So lange wir uns aber selbst für unseren Liebesmangel verurteilen, lehnen wir uns ab und können uns selbst nicht lieben.

In unserer Beratungsstelle „Leben im Kontext", die mein Mann und ich zusammen mit einem Team aufgebaut haben und in der wir seit über 20 Jahren tätig sind, besteht der Hauptteil unseres Dienstes darin, an der Beziehungsfähigkeit von Menschen zu arbeiten, denn in jedem nur erdenklichen Problem steckt letztlich ein Beziehungsproblem. Die ganze Palette unserer Gefühle wie Neid, Angst, Hass oder auch Freude – alle haben etwas mit Beziehung zu tun.

Wir wollen Freundschaften aufbauen und merken, dass uns dies nicht leicht gelingen will. Wir sehnen uns nach Einbindung in unserer Gemeinde, schaffen es aber nicht so recht, unseren Platz zu finden. Wir möchten dazugehören, fühlen uns aber immer wieder außenstehend oder wie das fünfte Rad am Wagen. Vielleicht wollen wir uns binden und schrecken gleichzeitig davor zurück. Wir wollen miteinander auskommen, aber ärgern und reiben uns, sind voneinander genervt. Wir richten andere, stoßen sie zurück oder lehnen sie ab; wir verletzen und enttäuschen uns gegenseitig. Wie oft sind wir gefangen in Konkurrenz- und Machtkämpfen? Wir möchten unseren Kindern, unserem Partner gerecht werden und versagen immer wieder. Wie viele sehnen sich nach vertrauensvoller, inniger Gemeinschaft in ihrer Ehe, haben aber massive Schwierigkeiten, sobald es um Sex geht? Wir tun uns schwer mit der Liebe, und die Ausprägungen von Lieblosigkeit in unserem Leben sind vielfältig.

Wir spüren, dass es gar nicht so leicht ist, der Aufforderung des Johannes nachzukommen, wenn er sagt: *Meine Kinder, unsere Liebe darf nicht nur aus schönen Worten bestehen. Sie muss sich in Taten zeigen, die der Wahrheit entsprechen: der Liebe, die Gott uns erwiesen hat* (1. Johannes 3,18; GNB). Zwischen unseren Sehnsüchten und Bedürfnissen, zu lieben und geliebt zu werden, und dem, was wir de facto erleben, klafft oft eine erschreckend große Diskrepanz. Unsere menschliche Gebrochenheit wird dadurch sichtbar, dass zwischen unseren Herzenswünschen und unserem realen Leben oftmals Welten liegen: *Denn das Gute, das ich will, übe ich nicht aus, sondern das Böse, das ich nicht will, das tue ich* (Römer 7,19).

Wir sehen die Symptome unserer Schwachheit und Gebrochenheit und gehen dafür hart mit uns ins Gericht.

Wir alle machen die Erfahrung, dass wir an dieser Stelle scheitern und versagen. An diesem Punkt beginnen wir dann, uns selbst zu verdammen. Wir sehen die Symptome unserer Schwachheit und Gebrochenheit und gehen dafür hart mit uns ins Gericht. Ich kenne viele Christen, die sich verurteilen, weil sie diesen Mangel in puncto Liebe in sich sehen. Sie wissen, dass sie ihre Kraft für andere oder für das Reich Gottes einsetzen sollten, und erleben sich gleichzeitig gebunden in den Symptomen ihres Liebesdefizits und ihrer Beziehungsnot, seien es Konflikte, Ängste, Selbstzweifel, Zwänge, Süchte oder negative Gefühle. Erschwerend kommt noch hinzu, dass sie sich dafür schämen und für das verdammen, was sie als Sünde bei sich erkennen. Wir hassen unsere Sünden, da diese aber an uns haften, ja regelrecht an uns kleben, fangen wir oft zu allem Überfluss an, uns selbst zu hassen. Wie viele von uns leben im Unfrieden mit sich selbst!

Unsere Gebrochenheit drückt sich also in den unterschiedlichsten Symptomen und Sünden aus. Daher wollen wir sie möglichst schnell weghaben. Wir wollen sie mit Stumpf und Stiel ausmerzen oder auch

„wegbeten“ und „wegfasten“. Denn in uns existiert eine tiefe Abwehr – bis hin zum Hass – gegen alles, was uns schwach und sündig erscheint. An diesem Punkt fangen viele von uns an, gegen ihre Sünde zu kämpfen, und dafür haben wir verschiedene Strategien entwickelt: sich zusammenreißen, verdrängen, vermeiden, rationalisieren.

Mir kommt eine Frau in den Sinn, die immer wieder mit depressiven Phasen und Erschöpfung kämpfte. Als Christin schämte sie sich für ihre negativen, pessimistischen Gefühle und Gedanken, die alles andere als glaubensvoll und freudig waren. In ihrer Gemeinde hatte sie eine wichtige Stellung, kümmerte sich um Kinder und Enkelkinder und machte auch noch die Buchführung in der Firma ihrer Eltern – alles Tätigkeiten, die sie gern ausübte. Daher konnte sie ihre depressiven Phasen überhaupt nicht einordnen. Außerdem war sie zunehmend genervt und empfand einen gewissen Überdruss, wenn jemand etwas von ihr wollte. Sie empfand diese Regungen als ungeistlich und störend und versuchte daher, sie zu ignorieren, was ihr auch bis zu dem Zeitpunkt gelang, an dem ihr Körper ihr ein deutliches Stopp setzte.

So wie diese Frau kämpfen viele Christen gegen störende Symptome ihrer Schwachheit und Sünden. Aber was passiert, wenn wir gegen ein Symptom ankämpfen, um es auszumerzen? Der Kampf gegen unsere psychischen Symptome verstärkt sie oftmals und auch der Kampf gegen die Sünde verstärkt sie noch! Jeder Alkoholkranke oder Drogenabhängige kann dieses Prinzip bestätigen. Unser Kampf führt uns letztlich nur unsere Ohnmacht vor Augen. Doch eigentlich ist es sehr gut, dass unser Kampf gegen das Symptom nicht gelingt! Warum? Weil es eine Funktion hat! Es kann uns zur Wurzel des Problems führen. Somit haben Symptome einen Sinn, sie wollen uns wichtige Hinweise geben. Wir sollten weder gegen sie ankämpfen noch sie einfach wegdrücken.

Auch Sünden sind ein solches Signal. Oft halten wir aber die Sünde oder das Symptom eher für das Problem. Doch genau wie der Alarm an einem Herzmonitor nicht das eigentliche Problem darstellt, sondern nur auf eines hinweist, verwechseln wir oftmals unsere Symptome mit dem Problem. Das eigentliche Problem liegt hinter dem Symptom. Eine Panikattacke, eine Depression ist in diesem Sinne nicht das Problem, sondern „nur“ das Symptom, das auf einen Mangel, ein Trauma, einen Schmerz hinweisen will, welcher das eigentliche Problem darstellt.

? Was sind deine Symptome? Wofür verdammst du dich? Womit kämpfst du vielleicht schon seit Jahren oder dein Leben lang? Welche Dinge willst du möglichst schnell und grundlegend aus deinem Leben verbannen? Unter welchen Schwachheiten und Sünden leidest du und bemühst dich vielleicht schon lange erfolglos, sie loszuwerden? Was will dein Symptom dir sagen? Worauf will es dich aufmerksam machen?

Es ist wichtig, dass wir verstehen, dass sich in unseren Symptomen, in unseren Ängsten, in unserer Traurigkeit, in unseren Süchten, in unseren Fehlhaltungen und Sünden gute Bedürfnisse zu Wort melden, die wir uns nicht zu erfüllen gestatten. Hinter unseren Symptomen stecken legitime Wünsche und Bedürfnisse, und sie wiederum haben etwas mit dem Thema Beziehung und Liebe zu tun.

Ich komme wieder auf die Frau zurück, die mit Depressionen kämpfte und schwer erkrankte. Als ich irgendwann für sie betete, hatte ich ein Bild vor Augen: Ich „sah" diese Frau am helllichten Tag vor einem Kaminfeuer auf einem Sofa behaglich und in eine warme Decke gehüllt liegen. Offensichtlich genoss sie die Ruhe, das flackernde Licht und die Wärme. Als ich über diese Vorstellung nachdachte, kam mir der Gedanke, wie ungewöhnlich sie war, denn diese Frau wäre nie auf die Idee gekommen, es sich tagsüber (schon gar nicht an einem Arbeitstag!) in dieser Weise gut gehen zu lassen. Je mehr ich darüber nachdachte, wurde mir klar, dass sich in diesem Bild Bedürfnisse ausdrückten, deren Befriedigung sich diese Frau nicht zugestand und die ihr sicher noch nicht einmal bewusst waren: Entspannung, Ruhe, Genuss. Mein Empfinden war, dass die Weigerung der Frau, ihre wahren Bedürfnisse in den Blick zu nehmen und sich um ihre Befriedigung zu kümmern (eigentliches Problem) hinter der Depression und Krankheit (Symptom) zu finden waren.

Was hat das alles nun mit Beziehung und Liebe zu tun? Zum einen liebte diese Frau sich selbst nicht ausreichend, weil sie sich in ihren Bedürfnissen nicht ernst nahm. Zum anderen tat sie sich schwer darin, sich lieben zu lassen und von anderen Gutes zu empfangen, was sich darin ausdrückte, dass sie immer für andere da war, aber selten Hilfe für sich beanspruchte.

Es war wichtig und sehr befreiend für sie, zunächst einmal zu erkennen, dass ihre Sehnsüchte gut und legitim waren und dass es sehr gesund und in Ordnung war, sie zu haben – ihr Bedürfnis nach Ruhe und Genuss war berechtigt. Sie musste sich nicht verdammen, da sie erkannte, dass hinter ihrer Freudlosigkeit, ihrem Genervtsein und ihrer Müdigkeit gute Dinge verborgen lagen, gute gottgegebene Bedürfnisse. Sie hatte sich für ihren Überdruss verurteilt, aber Gott kannte die Hintergründe ihrer Depression und verurteilte sie nicht. Als ihr dies bewusst wurde, verstand sie die Worte aus dem Johannesbrief besser: *Daran erkennen wir, dass wir aus der Wahrheit sind, und können unser Herz vor ihm damit zum Schweigen bringen, dass, wenn uns unser Herz verdammt, Gott größer ist als unser Herz und erkennt alle Dinge* (1. Johannes 3,19).

Es gibt gute und berechtigte Bedürfnisse. Diesen Rechnung zu tragen, bedeutet, uns selbst in unserer Menschlichkeit anzunehmen. Wenn wir uns aber weigern, dies zu tun, schaden wir uns selbst. Wie oft kommt es vor, dass wir uns selbst antreiben, unter Druck setzen, die Signale unserer Seele und unseres Körpers übergehen:

Es gibt gute und berechtigte Bedürfnisse. Diesen Rechnung zu tragen, bedeutet, uns selbst in unserer Menschlichkeit anzunehmen.

> *Wir erlauben der Seele nicht, menschlich zu sein. Sie muss vergeben, noch bevor sie den Schmerz der Verletzung geäußert hat, sie muss lieben, auch wo sie zornig sein möchte, sie muss beten, obwohl sie keine Worte findet, sie muss lachen, obwohl sie weinen möchte, sie muss stillhalten und leiden, obwohl sie nicht leiden will, sie muss, sie muss […]; sie muss so vieles, was sie in ihrer Menschlichkeit nicht vermag.*[62]

Wir sollten endlich damit aufhören, uns mit Zwängen und Selbstverdammnis zu quälen. Machen wir Frieden mit uns selbst. Unsere Symptome dürfen da sein. Wir müssen sie nicht sofort verdrängen. Wir dürfen lernen, uns selbst zu verstehen, und das können wir nur, wenn wir ihre „Sprache“ verstehen – auch die unserer Sünden. Wir dürfen sie erst einmal da sein lassen und sie uns in Ruhe anschauen; so werden sie für uns zur Fährte hin zum eigentlichen Problem, nämlich unseren ungestillten Bedürfnissen!

Jeder von uns hat Herzenswünsche, Sehnsüchte, die wir manchmal kennen, allzu oft aber auch nicht. Es gibt in jedem Menschen ganz tiefe Bedürfnisse, die danach rufen, gestillt zu werden, wie die nach Wert, Originalität, Sinn, Freundschaft, Sicherheit, Genuss, Schönheit, erfüllenden Aufgaben, aber auch Ruhe. Daher müssen wir uns die Zeit dafür nehmen, um bedeutsamen Fragen auf den Grund zu gehen wie:

? Was drückt meine Traurigkeit, meine Depression aus? Was sagen meine Tränen? Wonach sehnt sich mein Herz, was gestatte ich mir nicht? Was sind meine Herzenswünsche? Was sagt mir meine quälende Eifersucht? Welcher Selbstzweifel, welche Ängste melden sich da zu Wort? Welche Sicherheit suche ich? Was drückt meine Esssucht, meine Pornosucht aus, welche Leere versuche ich damit zu füllen? Was ist meine eigentliche Sehnsucht? Was ist mein eigentlicher Hunger, mein verborgenes Verlangen?

> *Wir sind immer wieder versucht, mit großer Anstrengung unsere hohen Ideale zu verwirklichen. Aber die Gnade setzt für ihr Wirken sehr viel tiefer im Menschen an. […] Die Gnade knüpft an unsere Schwachheit an, dort, wo wir verwundet sind, dort, wo unser tiefstes, unaussprechliches Verlangen liegt. […] Dieses Stehen in der Schwachheit, um hineingenommen zu werden in die rettende Liebe, das ist die Gnade der Demut …*[63]

Gott verdammt uns nicht, denn er weiß um die Hintergründe der Sünden, Brüche und Schwachheiten, gegen die wir kämpfen – er sieht tiefer als wir und kennt die ungestillten Bedürfnisse, die sich da zu Wort melden. Gott ist *für* unsere Bedürfnisse und möchte, dass sie gestillt werden. Daher sollen wir zu unserer Menschlichkeit und unserer damit verbundenen Bedürftigkeit stehen und sie zulassen. Denn nur auf diese Weise können wir es lernen, uns selbst zu lieben. Wir dürfen es lernen, uns selbst anzunehmen mitsamt aller Eigenschaften, die uns stören. Wir sollen es lernen, unsere Gefühle, Wahrnehmungen und Regungen ohne Ausnahme ernst zu nehmen und auch unsere Sünden in den Blick zu nehmen, um zu verstehen, was sie uns zu sagen haben. Da viele von uns aber große

Schwierigkeiten haben, sich selbst in den Blick zu bekommen, sollten wir uns regelmäßig folgende Fragen stellen:

? Wie geht es mir jetzt gerade? Was fühle ich? Was wünsche ich mir, was würde mir jetzt guttun? Welches Bedürfnis äußert mein Körper oder meine Seele in diesem Moment? Welche Menschen tun mir gut und welche nicht?

Um für unsere Welt fruchtbar werden zu können, ist es vonnöten, dass wir es lernen, uns mit unseren Bedürfnissen ernst zu nehmen. Der Pastor Magnus Malm schreibt:

> *Wir betrachten es vielfach geradezu als erstrebenswertes Ideal, unser eigenes Leben zugunsten des großen Auftrags beiseitezuschieben. Sich sein Privatleben nehmen und eine Gemeinde zu führen – das passt doch wohl nicht zusammen. Es ist doch wohl Ehrensache, dass ich meine Eigenbedürfnisse auf ein Minimum reduziere, um den anderen noch besser dienen zu können. Familie, Freizeit – ist das nicht Egoismus, gewissermaßen Diebstahl an meinen Mitmenschen? In Wirklichkeit ist es natürlich gerade umgekehrt: Nur was ich in mein eigenes Leben aufgenommen habe, kann ich an andere weitergeben.*[64]

Das, was wir uns selbst nicht gönnen, gönnen wir oft auch anderen nicht. Um zu anderen gut sein zu können, müssen wir zuerst zu uns selbst gut sein.

Der ältere Bruder im Gleichnis vom verlorenen Sohn ist bitter, weil er nicht gut für sich gesorgt hat, weil er sich versagt hat, es sich gut gehen zu lassen. Wir sind oft genauso. Vielleicht fühlst du dich besonders geistlich, weil du dir alles Mögliche versagst, aber dein Leben ist dadurch freudlos und fade geworden und der Vater muss deinen Irrtum korrigieren und dir zusprechen: „Alles, was mein ist, ist doch auch dein! Warum nimmst du dir nicht, was du dir wünschst? Was treibt dich an, dich immer zurückzustellen? Du darfst es dir gut gehen lassen! Du darfst dich freuen! Ich will, dass du froh und glücklich bist – glaubst du das? Mein Kind, du bist immer bei mir, und alles, was Mein ist, ist auch Dein!“

Um zu anderen gut sein zu können, müssen wir zuerst zu uns selbst gut sein.

Gott meint es gut mit uns, er überschüttet uns geradezu mit seinem Reichtum, weil er uns liebt. Wir wollen Gott darum bitten, dass er unser Herz verändert, damit wir uns auch selbst lieb haben. Wir brauchen die Heilung unseres harten Herzens, um mit Wohlwollen auf uns selbst schauen zu können und zu lernen, liebevoll, behutsam und fürsorglich mit uns selbst umzugehen. Denn in Gottes Augen sind wir wertgeschätzt. Wir sind durch „Christus in uns“ Geliebte, Heilige, Königskinder und Priester des Höchsten, und in der Anerkennung dieser Tatsche findet unsere Seele Ruhe: *Ihr aber seid ein auserwähltes Geschlecht, ein königliches Priestertum, eine heilige Nation, ein Volk zum Besitztum, damit ihr die Tugenden dessen verkündigt, der euch aus der Finsternis zu seinem wunderbaren Licht berufen hat* (1. Petrus 2,9). Welche unbeschreibliche Würdigung und Aufwertung erfahren wir dadurch! Wir benötigen den Heiligen Geist, um diese Tatsache auch nur annähernd erfassen zu können:

> *Durch ihre mystischen Erfahrungen erkennt Teresa die innere Welt des Menschen und seine unendliche Würde. Sie beschwört ihre Leserinnen und Leser geradezu, nicht im „Krötengang“ ihr Dasein zu fristen und „Eidechslein zu fangen“, sondern im Bewusstsein ihrer hohen Bestimmung zu leben. Wie Gott uns „Anteil an der göttlichen Natur“ (2 Petrus 1,4) gewährt, weil wir ihm wertvoll, ja seine Freunde sind, ist unser Menschsein viel kostbarer, als wir ahnen.*[65]

Selbstannahme müssen viele von uns erst lernen. Sich selbst zu lieben, ist eine echte Herausforderung. Es gehört Mut dazu, sich zu akzeptieren, auch mit dem, was uns an uns nicht gefällt und was wir gern anders hätten. Es ist gar nicht so leicht, sich selbst gut zu finden und liebevoll anzuschauen. Aber genau dies sollen wir jeden Tag tun. Du sollst dir selbst ein guter Freund, eine gute Freundin werden und dich mit Wohlwollen und Nachsicht betrachten, so wie es dein himmlischer Vater tut. Du bist aufgerufen, gut für dich zu sorgen. Es gibt Tage, da bist du gefordert, dir selbst Trost und Mut zuzusprechen und dich liebevoll in den Arm zu nehmen. Du sollst voller Überzeugung bekennen: *Ich preise dich darüber, dass ich auf eine erstaunliche, ausgezeichnete Weise gemacht bin. Wunderbar sind deine Werke, und meine Seele erkennt es sehr wohl*

(Psalm 139,14). Falls dir dies im Moment unmöglich erscheint – Gott will dir dabei helfen, dich selbst anzunehmen, sodass dein Herz über dich selbst von Dankbarkeit überfließt.

Wenn wir lernen, von Gott und von Menschen Gutes zu empfangen, müssen wir nicht mehr ständig, ruhelos und getrieben aus unseren eigenen Ressourcen schöpfen. Und wenn wir zudem noch lernen, uns selbst zu lieben, indem wir unsere Bedürfnisse ernst nehmen und dafür sorgen, dass sie ge-stillt werden, finden wir mehr und mehr zu Ruhe und innerem Frieden. Gemeinsam dürfen wir uns darin üben, uns selbst und andere zu schätzen, Liebe und Gutes zu geben, aber auch vom anderen anzunehmen, wie es folgendes Gebet sehr schön beschreibt:

Gemeinsam
Liebe annehmen,
das ist nicht einfach.
Liebe selbstlos geben,
das ist schwer.
Ich liebe,
um geliebt zu werden.
Meinen Nächsten
zu lieben
und anzunehmen,
das ist mühsam.
Auch er, den ich
nicht lieben kann,
ist dein Ebenbild.
Wunderbar gemacht,
befähigt und begabt,
von dir geliebt.
In dir –
sind wir eins.
In dir –
finden wir Annahme,
Vergebung,
Liebe in Fülle![66]

7 „Mein Joch ist sanft!“

Wir dürfen aus einem Glauben herausfinden, der uns einengt und bedrängt, und lernen, aus unserem „frommen Stress“ herauszutreten und mit Gott auf eine – im guten Sinne – entspannte Art und Weise zu leben. Was bedeutet es aber dann, wenn Jesus uns dazu auffordert, sein Joch auf uns zu nehmen? Denn ein Joch ist und bleibt nun mal ein Arbeitsgerät. Geht es also doch nur wieder um Pflicht, Leistung und Arbeit? Entspannt ein Joch zu tragen klingt ja nun wirklich paradox …

Was soll ich mir unter Jesu Joch vorstellen? Und wie unterscheidet es sich von dem Joch der Sklaverei? Wir hatten im ersten Kapitel schon festgestellt, dass es sich bei dem Joch, von dem Jesus spricht, um das „Joch der Liebe“ handelt, wie Felix Schlösser es nennt. Der natürliche Mensch ist in seinem gebrochenen Zustand jedoch nicht dazu fähig, dieses Joch zu tragen. Das ängstliche, verletzte Selbst kann weder sich selbst noch andere wirklich lieben, geschweige denn Gott. Doch Gott weiß, was wir benötigen, um zu einem Leben der Liebe fähig zu werden; er weiß, dass wir dafür die spürbare Erfahrung seiner zärtlichen Liebe brauchen: „Der Schlüssel zu einem fruchtbaren geistlichen Leben liegt nicht darin, dass man jeden Morgen aufwacht und sich um die Liebe Gottes bemüht, sondern, dass man bereits mit dem Bewusstsein wach wird, von ihm geliebt zu sein.“[67]

Gott segnet uns reichlich, aber er bleibt hier nicht stehen, denn sein Segen ist so überfließend, dass er nicht nur für uns ausreicht, sondern gleich mit für all die Menschen, mit denen wir zusammen sind.

Wir dürfen und müssen also zuerst Liebe empfangen – damit haben wir uns in den bisherigen Kapiteln beschäftigt. Unser Herz muss von aller Angst und Selbstbezogenheit gereinigt werden, um sich öffnen zu können, um göttliche und menschliche Liebesbeweise anzunehmen und sich dadurch nähren zu lassen. Gottes Verlangen ist es, unsere harten, selbstzentrierten Herzen gesund zu lieben, damit wir uns selbst lieben und annehmen können. Auf diese Weise lernen wir es, gut zu uns selbst zu sein, und wachsen gleichzeitig in unserer Liebes- und Beziehungsfähigkeit. Erst in diesem Zustand können wir Jesu Joch tragen.

Gott segnet uns reichlich, aber er bleibt hier nicht stehen, denn sein Segen ist so überfließend, dass er nicht nur für uns ausreicht, sondern gleich mit für all die Menschen, mit denen wir zusammen sind. Sein gerütteltes Maß an Güte und Gnade befähigt uns, anderen davon abzugeben; die Gaben, die er verteilt, sollen nicht nur uns dienen, sondern auch anderen. Lieben bedeutet Handeln zum Wohle anderer. Unsere Berufung zum königlichen Priestertum ist daher nicht nur Geschenk, sondern bringt auch eine Verpflichtung mit sich: unser Leben zum Wohle unserer Mitmenschen zu gestalten.

Manch einer wird an dem Wort „Verpflichtung" Anstoß nehmen, da er damit ein Joch der Pflicht, Arbeit und Mühe assoziiert – und schnell ist man wieder bei dem leistungsorientierten Glauben, den man ja gerade ablegen wollte. Vielleicht ist Verpflichtung auch nicht ganz das richtige Wort, denn es ist mehr ein Automatismus: Ein Brunnen, in dem beständig frisches Wasser sprudelt, läuft irgendwann über. Ein Weinstock, der gehegt und gepflegt wird, hängt im Herbst voll von Trauben. Ein Obstbaum kann gar nicht anders, als Früchte hervorzubringen! Alles andere würde gegen seine Natur gehen. Wenn unser Herz von der Güte und Gnade Gottes gesättigt ist, kann es gar nicht anders sein, als dass wir diese auch ausstrahlen. Es überfordert uns nicht, da Gott in uns die Voraussetzungen geschaffen hat zu lieben, das heißt zum Wohle anderer zu handeln:

> *Das Wort „Liebe" bezeichnet sowohl die Liebe Gottes zu uns als auch die neue Fähigkeit, Gott und den Brüdern und Schwestern Gegenliebe zu erweisen. Es bezeichnet „die Liebe, durch die wir Liebende Gottes werden". Der Heilige Geist gießt also nicht nur die Liebe ein, sondern auch das Lieben. Genau dasselbe muss man in Bezug auf die Gabe sagen: Indem der Heilige Geist in uns einzieht, überbringt er nicht nur die Gabe Gottes, sondern auch das Sich-Geben Gottes. Der Heilige Geist ist wirklich das lebendige Wasser, das, wenn man es empfangen hat, „zur sprudelnden Quell für das ewige Leben wird" (vgl. Joh 4,14), das heißt, es springt über und ergießt sich über alle in der Umgebung.*[68]

Ich erlebe immer wieder, wie liebenswerte Geschwister durch vielfältige Selbstzweifel belastet sind. Sie zweifeln an ihrer Fähigkeit zu lieben, sie plagen sich mit Schuldgefühlen, weil sie meinen, zu wenig für ihren Herrn zu tun, und kommen damit nie zu der Freude über sich selbst, zu der sie berufen sind, weil Gott selbst sich über uns freut. Manche halten diese Haltung für besonders demütig – ist sie aber nicht! Gott freut sich über sein Volk, und wir sollen das auch: *Der HERR, dein Gott, ist in deiner Mitte, ein Held, der rettet; er freut sich über dich in Fröhlichkeit, er schweigt in seiner Liebe, er jauchzt über dich mit Jubel* (Zefanja 3,17).

Mir fällt immer wieder auf, wie grundlegend sich ein Mensch verändert, der sich zu Jesus hinwendet. Ich bin begeistert von unseren Kindern, bei denen ich dies beobachte. Sie haben vor einigen Jahren zum Glauben gefunden und sich taufen lassen. In ihrem Leben gibt es ein Davor und ein Danach. Sie sind keine völlig anderen Menschen geworden, sie haben immer noch den gleichen Grundcharakter, aber man merkt, dass eine verändernde Kraft in ihnen wirksam ist – Gottes Liebe. Wie bei einem Transparent, das in seiner vollen Schönheit erstrahlt, sobald eine Kerze dahintergestellt wird, bringt Gott das Gute, das in ihnen angelegt ist, zum Strahlen und hilft ihnen gleichzeitig dabei, Unarten und schwierige Eigenschaften zu überwinden.

Kinder Gottes unterscheiden sich von Menschen, die sich von Gott fernhalten. Schaue ich mich in den unterschiedlichen Gemeinden um, dann begegne ich Geschwistern, die Gott lieben, denen das Reich Gottes am Herzen liegt und die sich dafür einsetzen. Selten treffe ich auf Gleichgültigkeit oder Lauheit, viel häufiger auf echte Hingabe und ehrliches Fragen nach Gottes Willen. Ich sehe viele Christen, die ihr Licht leuchten lassen, manchmal sehr gut sichtbar, manchmal im Verborgenen. Wie viel Segen ist über alle Jahrhunderte hinweg bis zum heutigen Tag von der Gemeinde Jesu ausgegangen! Wie viel Gutes haben Christen in dieser Welt gewirkt und tun es bis heute, weil Jesu Joch nicht schwer ist! Es ist ein Akt von Dankbarkeit Gott und ein Akt der Wertschätzung sich selbst gegenüber, dies anzuerkennen und zu würdigen und nicht immer auf den Mangel zu sehen. Wir müssen es lernen, uns über das zu freuen, was bereits vorhanden ist. Ansonsten kann es passieren, dass wir ständig im Morgen leben statt im Heute.

? Wo bist du auf das fixiert, was du noch nicht erreicht hast und verändern willst, anstatt lieber froh zu sein und in dem zu leben, was schon da ist.

Wir stehen dann in der Gefahr, uns ständig auf irgendetwas vorzubereiten, was unter Umständen nie eintritt. Wir sind dazu aufgefordert, uns über das zu freuen, was Gott bereits in unserem Leben gewirkt hat, und uns in diesem Rahmen im Hier und Jetzt zu betätigen, um zum Segen für andere da zu sein.

Wenn ich von Liebe spreche, so meine ich damit nicht ein paar herzliche Gefühle. Wenn dies mit Liebe gemeint wäre, würden wir arm dastehen, denn nicht immer ist echte Zuneigung für unsere lieben Mitmenschen bei uns vorhanden. Eine Bekannte erzählte mir, wie sehr sie in Bedrängnis kam, als sie vor einiger Zeit ein Nachbarskind für einige Tage in ihre Familie aufnahm, weil seine Mutter ins Krankenhaus musste. Sie verurteilte sich selbst, als sie merkte, dass der Junge mit seiner Unart zu petzen und zu streiten ablehnende Gefühle in ihr hervorrief. Was war sie von diesem Jungen genervt! Sie wollte diese Empfindungen nicht akzeptieren, konnte sie aber auch nicht unterdrücken. Als sie mit ihrer Seelsorgerin darüber sprach, meinte diese, ihre Aufgabe sei es nicht, warmherzige Gefühle für das Kind zu hegen, sondern liebevoll für es zu sorgen, wie es seine Mutter tun würde. Durch diese nüchterne Aufforderung fiel meiner Bekannten ein Stein vom Herzen, denn das konnte sie umsetzen, ja, sie tat es sowieso schon. Gefühle von Zuneigung und Herzlichkeit produzieren, das konnte sie hingegen nicht. Schön ist es, wenn beides gelingt, aber manchmal geht es beim Lieben eben nur darum, dem anderen Gutes zu tun – auch in Abwesenheit liebevoller Gefühle. Lieben bedeutet nicht, zum Wohle anderer zu fühlen, sondern zu *handeln*.

Lieben bedeutet nicht, zum Wohle anderer zu fühlen, sondern zu handeln.

Unser Leben wird unweigerlich fruchtbar sein, wenn wir Gottes Leben spendende Liebe in uns aufgenommen haben. Wenn es so ist, dass wir wie Reben am Weinstock – an Jesus – hängen, dann durchströmt uns seine Liebe und wir werden gute Frucht tragen – das kann gar nicht anders sein. Daher ist das Joch der Liebe ein sanftes Joch, das umso leichter wird, je mehr wir unsere geistliche Identität entdecken und darin leben.

Aus der geistlichen Identität leben

Das Gefühl der Einsamkeit gehört wohl untrennbar zu unserem Menschsein dazu. Aber in der Begegnung mit Gott und der Erfahrung seines Heils kann sich unsere innere Einsamkeit nach und nach verlieren – das ist zumindest meine Erfahrung. Meine Existenz, die ich zuvor in depressiven Phasen als unerträgliche Einsamkeit erlebt hatte, hat sich in der Begegnung mit Jesus Christus und im Laufe meines Heilungsprozesses weitgehend gewandelt. Einsamkeit ist nicht das gleiche wie Alleinsein, obwohl sich beides manchmal gleich anfühlt. Es ist gut, wenn wir beides voneinander unterscheiden und es lernen, uns mit unserem Alleinsein anzufreunden:

> *Einsamkeit ist heute eine der weitverbreitetsten Ursachen von Leid. Sie ist die Krankheit unserer Zeit. Aber als Christen sind wir aufgerufen, unsere Einsamkeit in Alleinsein zu verwandeln. Wir sind aufgerufen, unsere Alleinigkeit nicht als eine Wunde, sondern als eine Gabe – als Gabe Gottes – zu erfahren, um so in unserer Alleinigkeit entdecken zu können, wie tief wir von Gott geliebt sind. [...] Alleinsein ist der Weg, auf dem wir in die Einsicht hineinwachsen, dass wir dort, wo wir ganz und gar allein sind, von Gott ganz und gar geliebt werden.*[69]

„Alleinigkeit" ist mein Einssein mit Gott. Wenn er mein Ein und Alles ist, bin ich nicht mehr einsam. In ihm und durch ihn bin ich verbunden mit meinen Geschwistern, ja, mit der ganzen Schöpfung. In ihm ist alles eins, er vereint alles in sich. Letztlich ist es so, dass das Alleinsein – im Gegensatz zur Einsamkeit – den Zustand bezeichnet, in dem wir punktuell zwar niemanden in unserer Nähe haben, aber dennoch weder von anderen Menschen noch von Gott abgeschnitten sind, weil wir Teil des Leibes Christi sind. Wenn wir Gottes Liebe tief in unserem Herzen erfahren, wenn Christus in uns Wohnung nimmt, dann sind wir nicht mehr einsam.

Irgendwann während meines Heilungsweges schenkte Gott mir diese Erfahrung, die ich sehr intensiv, fast physisch erleben durfte und die die Bibel so beschreibt: *die Hoffnung aber lässt nicht zuschanden werden, denn die Liebe Gottes ist ausgegossen in unsere Herzen durch den Heiligen Geist, der uns gegeben worden ist* (Römer 5,5). Ich spürte Gottes Geist, seine personifizierte Liebe tief in mir, sodass mit diesem Erleben die Einsamkeitsgefühle, die mich jahrelang gequält hatten, ganz und gar von dieser Wärme durchdrungen wurden. Ich erlebe zwar seitdem immer wieder Zeiten des Alleinseins, weil dies normal und für ein geistliches Leben sogar unabdingbar ist, jedoch fühle ich mich nur noch ganz selten einsam. Gott selbst lebt in mir, und ich stelle mich auf diese Tatsache und mache sie nicht mehr an meinen Gefühlen fest.

Zusammenfassend können wir sagen: Wir werden unser Alleinsein nicht mehr als Einsamkeit erleben, sondern als Gabe, wenn wir eine innere Sättigung, die durch göttliche und menschliche Zuwendung und Liebe geschieht, zulassen und erfahren. Wir benötigen Heilung und Befreiung aus unserem inneren Isoliertsein, und diese bekommen wir zunächst nur durch Jesu Präsenz in uns, dann aber auch im Erfahren menschlicher Liebe.

Auf dem Hintergrund meiner Erfahrung schrieb ich folgende Zeilen in mein Tagebuch, wobei mir Offenbarung 3,20 vor Augen stand:

Nur der Eine …
Es hat mein halbes Leben gebraucht zu verstehen,
dass wir Menschen in unserem tiefsten Innern einsam sind,
immer auf der Suche nach Linderung,
habe begriffen, dass menschliche Liebe
diese Einsamkeit
zwar lindern, aber doch nie gänzlich stillen kann.
Wir Menschen können uns gegenseitig viel geben
an Liebe, Nähe, Wärme.
Aber tief in uns gibt es einen Ort,
der einsam, leer und voller Sehnsucht bleibt,
und diesen Ort kann kein Mensch betreten,
denn er ist dem Einen vorbehalten.
Und erst wenn dieser Eine ihn betritt und das Mahl mit uns hält,
werden wir gestillt still.

In der Begegnung mit Gott kann unsere Einsamkeit also zu Alleinsein werden. Und das ist sogar nötig, damit wir erkennen können, wie Gott uns „gemeint" hat, was unser „wahres Selbst" ist oder, besser ausgedrückt, was unsere geistliche Identität ist. Wir sprachen ja davon, dass Menschen unter dem Einfluss dunkler Stimmen oftmals in einem „falschen Selbst" leben, in einer verkrümmten Haltung vor Gott und Menschen, die nicht der „herrlichen Freiheit der Kinder Gottes" entspricht. Es ist die abhängige Haltung, in der wir uns zu Menschen, Dingen oder Idealen – also dem „Kreatürlichen" – hinneigen, um dort unsere Bedürfnisse zu stillen. Es ist die Haltung, in der wir aus Zisternen schöpfen und damit das harte Joch auf uns laden. Das führt aber dazu, dass wir oft gar nicht wissen, wer oder wie wir in Wahrheit sind. Die Frage nach unserer Identität ist wohl die dringlichste, die uns quält.

Ich erinnere mich an eine Mitarbeiterin, die in einem Referat davon berichtete, wie sie in ihrer Kindheit und Jugendzeit an diesem Mangel an Identität litt. Sie erzählte, wie sie sich als kleines Mädchen und später auch als Teenager von der Meinung anderer abhängig gemacht hatte. Ging es zum Beispiel um die Frage, welches Kleid man in einem Katalog am schönsten fand, wartete sie erst das Votum ihrer Freundin ab, um sich dem anzuschließen. Sie hatte keine eigene Meinung. Manche wissen sehr genau, was andere brauchen oder wollen, aber nicht, was ihnen selbst guttut oder was sie selbst wollen.

Das Geschöpf erlangt Identität, „wahres Selbst", nur im Bezogensein auf seinen Schöpfer; getrennt von ihm kann es nur ein „falsches Selbst" leben, denn der innere Mensch kann ohne den Bezug auf etwas Höheres nicht existieren.

An dieser Stelle möchte ich eine Begriffsklärung einschieben, da wir oftmals den Begriff „Identität" fälschlich im Sinne von „Individualität" verwenden. Die Verwendung von „Identität" im Sinne der „als Selbst erlebten Persönlichkeit" ist aber ungenau, da Identität im ursprünglichen Wortgebrauch interessanterweise „vollkommene Gleichheit oder Übereinstimmung in Bezug auf Dinge oder Personen" bedeutet; etwas ist identisch mit … Dabei kommt mir unwillkürlich ein Vers aus 1. Mose in den Sinn: *Und Gott schuf den Menschen zu seinem Bilde, zum Bilde Got-*

tes schuf er ihn; und schuf sie als Mann und Frau (1. Mose 1,27; LUT).

Der Begriff Identität, so wie wir ihn oft fälschlich gebrauchen, impliziert, dass ein Mensch isoliert von Gott betrachtet werden kann – was natürlich nicht der Fall ist. Es gibt keine Identität ohne einen Bezugspunkt. Identität ist Ebenbildlichkeit, Wesensgleichheit – so also ist der Mensch von Anbeginn gemeint! Das Geschöpf erlangt Identität, „wahres Selbst", nur im Bezogensein auf seinen Schöpfer; getrennt von ihm kann es nur ein „falsches Selbst" leben, denn der innere Mensch kann ohne den Bezug auf etwas Höheres nicht existieren. Ist er nicht auf Gott bezogen, dann wird automatisch etwas anderes an dessen Stelle treten: Der Mensch verbiegt sich hin zum Kreatürlichen, seien es Ideale, Ideologien, Leistung, Materielles oder andere Menschen, von denen er dann fordert: „Sage du mir, wer ich bin! Gib mir Sinn und Wert, gib mir mein Wesen!"

Leanne Payne schreibt:

> *Theologisch gesehen ist das Böse das Getrenntsein von Gott, und unter dieser Voraussetzung auch die Trennung von unseren Mitmenschen, von der gut gemachten Erde und von allen anderen Geschöpfen. Psychologisch betrachtet ist das Böse das eigene innere Zertrenntsein in uns selbst. Die Wahrheit ist also: Das gefallene Ich kann sich nicht selbst erkennen.*[70]

Nur in unserem Bezogensein auf Gott erfahren wir, wer und wie wir sind. „Erkenne dich selbst!" funktioniert nicht. Das Alleinsein mit Gott und das Hören auf ihn ist eine wesentliche Grundlage dafür, dass wir zu unserer Identität finden, unserem wahren Selbst, das das Wesen unseres Schöpfers widerspiegelt. Nur in der Begegnung mit dem, der uns gemacht hat, können wir unsere wahre Identität finden. Beim Vater zu sein und auf ihn zu hören, ermöglicht es uns, nach und nach zu begreifen, wie er uns geschaffen und wozu er uns berufen hat. Aber nicht nur durch Gott, auch durch unsere Mitmenschen und die Resonanz, die wir von ihnen bekommen, erkennen wir, wer wir sind. Wir sind und bleiben auf Gemeinschaft hin angelegt, so wie Martin Buber sagt: „Der Mensch wird am Du zum Ich." Wir entfalten unsere Persönlichkeit nicht in der Isolation, sondern nur im Bezogensein auf das Du Gottes und auf das Du anderer Menschen.

Unser wahres Selbst können wir nur durch „Christus in uns" entfalten. Wir fragen vielleicht: „Haben denn die Menschen, die ohne Jesus leben, keinen unverwechselbaren Kern, keine Persönlichkeit?" Natürlich hat auch der Mensch, der ohne Gott lebt, eine Persönlichkeit, ein unverwechselbares Selbst, aber trotzdem fehlt Wesentliches. Ähnlich wie bei Jesaja finden wir auch bei Jeremia das schöne Bild, das die menschliche Seele mit einem Garten vergleicht: *Und sie werden kommen und jubeln auf der Höhe Zions und herbeiströmen zu all dem Guten des HERRN: zum Korn, zum Most, zum Öl und zu den jungen Schafen und Rindern. Und ihre Seele wird sein wie ein bewässerter Garten, und sie werden nicht mehr länger verschmachten* (Jeremia 31,12).

Die Seele eines jeden Menschen, sei er nun Christ oder nicht, ist wie ein Garten. Kein Herzensgarten gleicht dem anderen, jeder ist einzigartig. Der Mensch, der ohne Gott lebt, ist mit einem sich selbst überlassenen Garten vergleichbar. Seine Seele ist ganz klar als Garten erkennbar, eine unverwechselbare Grundstruktur ist durchaus da: Begrenzung, Pflanzen, Bäume und Wege – alles ist vorhanden. Es gibt Farbenpracht, Blütenduft und verheißungsvolle Früchte. Ein solcher Garten kann in seiner Originalität, auch in seiner Wildheit, durchaus seinen eigenen Charme haben und einladend wirken.

Im Gegensatz dazu wird der Herzensgarten eines Christen jedoch von einem Gärtner betreut, der ihn hegt und pflegt. Wenn ein Mensch Jesus in seinen Herzensgarten einlädt und ihn dort wirken lässt, beginnt dieser seine Arbeit und fängt an, sich um alles zu kümmern. Nach und nach wird er die Veränderungen vornehmen, die notwendig und sinnvoll sind. Ohne den Charakter des Gartens vollständig zu verändern, wird er den Garten in den Zustand versetzen, der seiner Bestimmung entspricht – und indem der Gärtner dort arbeitet, nimmt er automatisch dessen Charakter an und wird ihm vom Wesen her ähnlich. Der Gärtner wird – wo nötig – Blumen und Sträucher an bessere Standorte umsetzen, manche vielleicht ganz entfernen oder neu pflanzen, er wird Wildwuchs beschneiden und Pflanzen, die ohne Halt ranken, anbinden. Er fegt die Wege, bessert Zäune aus, lockert die Erde der Beete und entfernt lästiges Unkraut, legt vielleicht einen Teich an oder stellt Bienenstöcke auf. Er versorgt den Garten beständig mit dem, was er benötigt: mit Nährstoffen und Wasser. Und so wird daraus ein bewässertes Stück Land, eine Oase, ein wahres

Kleinod. Nur unter der Hand eines erfahrenen Gärtners kann ein Garten seine volle Schönheit entfalten und optimal Frucht hervorbringen, so wie das Wesen eines Menschen nur durch Jesus sein „geistliches Format" bekommt und zu dem wahren Selbst wird, das in seiner Bestimmung leben kann.

Um von der Gartenmetapher zum Thema zurückzukehren: Wir müssen es lernen, in Gemeinschaft zu leben, aber wir müssen es auch lernen, das Getrenntsein zu ertragen. Wir sollen die Wüste der Einsamkeit zu einer Oase der Stille machen, sagt Leanne Payne. Alleinsein ist für unsere Weiterentwicklung und Reifung wichtig. Ich musste einerseits lernen, beziehungsfähig zu werden, gleichzeitig aber auch, ich selbst zu werden und aus menschlicher Gemeinschaft, aus dem schützenden „Rudel", in dem ich mich verstecken konnte, „herauszufallen". Und ich lerne immer noch, diese äußere Einsamkeit in dem Maße zu ertragen, in dem meine innere Einsamkeit der Erfahrung der Liebe und Gegenwart Gottes weicht.

Gott möchte uns in unserem Inneren festigen, in unserer Individualität und Identität, und das beinhaltet unsere individuelle Bestimmung. Gott möchte, dass wir unsere Unverwechselbarkeit erkennen, leben und bejahen. Oftmals haben wir jedoch Angst vor der Individuation, der Ich-Werdung. Es fällt uns schwer, wir selbst zu sein. Das kann bei einem Menschen folgende Gründe haben:

> *Seine Angst […] enthält den richtigen Kern, dass jede Individuation und Eigenständigkeit uns ein Stück isoliert […] Je mehr wir wir selbst werden, unterscheiden wir uns von anderen, umso weniger Gemeinsames haben wir mit ihnen. Individuation bedeutet immer auch, aus der Geborgenheit des Auch-wie-andere-Seins herauszufallen, und ist daher mit Angst verbunden; der Herdentrieb will diese Angst der Individuation aufheben, wie das Eintauchen in eine Masse die Angst vor der Individuation aufhebt.*[71]

Unser Alleinsein, häufig im kommunikativen Schweigen mit Gott, dient dazu, dass wir lernen, ein Gespür dafür zu bekommen, wer wir sind, was unsere Bestimmung ist, was das Maß unseres Glaubens ist und was für unser Leben wichtig ist und was nicht. Mehr noch: Wir sollen im Alleinsein unseren Blick zum Vater wenden und auf das, was ihn bewegt: seine Sorge für eine verlorene Menschheit. Diese Sorge sollen wir, wie er, als Joch der Liebe auf uns nehmen. Tun wir das, fangen wir an, die Umstände um uns herum und die Menschen, an deren Seite er uns gestellt hat, mit seinen Augen zu betrachten. Gott nimmt uns hinein in sein Sorgen für die Welt, in der wir leben. Er befreit uns von unserem egozentrischen Kreisen um uns selbst; er befreit uns zum liebevollen Handeln am Nächsten. Das Alleinsein beschreibt Nouwen daher als einen Ort der Befähigung: „An diesem Ort wird unser Handeln zum Handeln für den Nächsten. Wenn wir unsere Alleinigkeit als eine Gabe Gottes annehmen und sie als ein tiefes Alleinsein erleben, dann können wir uns aus unserem Alleinsein heraus anderen Menschen zuwenden.“[72]

In der Gemeinschaft mit Gott und im Hören auf ihn entdecken wir, wer wir sind und was unser Auftrag in dieser Welt ist. Denn oftmals wissen wir gar nicht, was wir können und was nicht. Seit ich zurückdenken kann, habe ich gern geschrieben. Als Teenie liebte ich es, lange Briefe zu schreiben, und fast täglich führte ich Tagebuch. Besonderen Spaß machte es mir, möglichst treffend all das in Worte zu fassen, was ich erlebt hatte oder was in mir vorging, sodass auch ein Unbeteiligter eine klare Vorstellung davon hätte gewinnen können. Allerdings war das Ganze nur ein nettes Hobby für mich und ich maß meinem Schreiben keine weitere Bedeutung bei. Erst als erwachsene Frau wurde mir klar, dass einer meiner Herzenswünsche darin bestand, irgendwann einmal ein Buch zu schreiben. Ich ging dem aber nicht weiter nach.

In der Gemeinschaft mit Gott und im Hören auf ihn entdecken wir, wer wir sind und was unser Auftrag in dieser Welt ist.

Wahrscheinlich wäre das Ganze ein Wunschtraum geblieben, wenn ich meinen Herzensgarten nicht einem kundigen Gärtner anvertraut hätte, der – im Gegensatz zu mir – eine klare Vorstellung von meiner geistlichen Identität hatte. Vermutlich hätte ich von mir aus nie den Mut dazu gefunden, ein Manuskript einem Verlag vorzulegen. Irgendwann trat dann jedoch ein Verlag an meinen Mann mit der Frage heran, ob er nicht zum Thema „Lebensmitte“ ein Buch schreiben wolle. Er lehnte damals ab, leitete die Anfrage aber an mich weiter, und – siehe da – ich hatte „zufällig“ eine Idee zu diesem Thema: So entstand mein erstes Buch! Gott weiß am besten, was wir können und was nicht, welche Gaben und Fähigkeiten unsere geistliche Identität ausmachen und wie wir sie zum Wohle anderer einsetzen sollen und können.

Natürlich kann es auch geschehen, dass Gott etwas von uns fordert, das zu erfüllen wir uns nicht zutrauen. So hatte ich vor vielen Jahren den Eindruck, im Kindergottesdienst mitarbeiten zu sollen. Über einen längeren Zeitraum wehrte ich mich aber dagegen, weil ich befürchtete, jämmerlich zu versagen. Vor meinem geistigen Auge entfalteten sich wahre Horrorszenarien: auf meiner Nase herumtanzende oder gelangweilt die Stunde absitzende Kinder. Schließlich willigte ich aber doch ein und übernahm eine Gruppe von etwa zehnjährigen wilden Jungs. Das Unglaubliche geschah: Die Arbeit mit den „Bengels“ machte mir so viel Freude, wie ich es nie vermutet hätte – und ich glaube, den Jungs auch. Von mir aus hätte ich mich für diese Aufgabe nie zur Verfügung gestellt, aber Gott wusste, was in mir steckt. Hätte ich mich verweigert, wäre ich nie zu dieser ermutigenden Erfahrung gekommen. Wir sollten also auch abwegig anmutende Ideen nicht einfach abtun, sondern ernsthaft prüfen, ob es nicht Gott ist, der uns auffordert, Neues und Unbekanntes zu wagen:

> *Mit einem inneren Wissen, das aus der Freundschaft zu Jesus geboren ist, beginnen wir zu sehen, dass Gottes Wege immer gut sind. Unsere Ungeduld, unsere Rebellion, unser Nicht-akzeptieren-Wollen machen Platz für eine wache Empfänglichkeit für heilige Impulse. Das ist keine stoische Resignation gegenüber dem „Willen Gottes“. Es ist ein Sich-Einstimmen auf den Rhythmus des Geistes. Es ist ein Anerkennen, dass Gott uns die Gebote gab, damit „es uns wohlergeht unser Leben lang“ (5. Mose 6,24). Es ist ein Loslassen unserer eigenen Wege und ein Ja-Sagen zu Gottes Wegen, nicht murrend, sondern weil wir wissen, dass sie besser sind.*[73]

Früher war ich davon überzeugt, wahres Tun für Gott und sein Reich müsse sich durch Opfer und Verzicht auszeichnen. Ich dachte, Einsatz für Gott könne nur dann geistlich sein, wenn er mir schwerfalle; es kam für mich gar nicht in Betracht, dass es mir Spaß machen könnte. Inzwischen wurde ich eines Besseren belehrt:

> *Wahres Tun führt uns zur Erfüllung unserer Berufung. […] Wenn wir uns dem Willen Gottes anvertrauen und nicht dem eigenen Willen den Vorrang geben, werden wir bald feststellen, dass vieles von dem, was wir tun, von uns nicht unbedingt getan werden muss. Wozu wir wirklich aufgerufen sind, ist ein Tun, das uns wahre Freude und wahren Frieden bringt.*[74]

Gott wird mich immer gemäß meiner wahren, geistlichen Identität in seinem Reich einsetzen, das heißt gemäß meiner geistlichen und häufig auch natürlichen Begabung. Sich in diesem Rahmen zu betätigen, entspricht – das ist zumindest meine Erfahrung – meiner besonderen Leidenschaft. Mein Mann Rolf meinte letztens, wenn er Familienaufstellungen auf biblischer Grundlage durchführe, fühle er sich wie ein Fisch im Wasser. Daher ist er auch nach sechs Aufstellungen pro Tag abends manchmal zwar körperlich müde, fühlt sich innerlich aber in keinster Weise ausgelaugt, sondern oft geradezu erfrischt. Mir geht es da genauso. Wenn ich an einem Text arbeite, dann fällt es mir wirklich schwer, etwas anderes zu tun, dann verlasse ich meinen Laptop äußerst ungern, denn ich liebe es zu schreiben. Wenn ich erst einmal damit anfange, kann ich gar nicht wieder aufhören.

Handle ich also entsprechend meiner Fähigkeiten, Gaben und dem Auftrag Gottes, dann erlebe ich einen gewissen „Fluss" in allem. Das bedeutet nicht, dass ich nicht dann und wann auf Schwierigkeiten stoße, denn unser Feind schläft schließlich nicht. Dennoch ist eine gewisse Leichtigkeit in meinem Tun. Befinden wir uns im Fahrwasser des Heiligen Geistes, dann müssen wir uns nicht „abkrampfen", um Gottes Werk voranzubringen, sondern werden gewissermaßen von diesem Fließen „mitgenommen". Wir finden geebnete Wege und geöffnete Türen vor: *Denn wir sind sein Gebilde, in Christus Jesus geschaffen zu guten Werken, die Gott vorher bereitet hat, damit wir in ihnen wandeln sollen* (Epheser 2,10).

Wann immer sich eine Sache zäh und schwierig anlässt – und zwar anhaltend, nicht nur kurz anfangs oder mal zwischendurch –, ist dies inzwischen ein Zeichen für mich geworden, lieber die Finger davon zu lassen. Wenn wir unsere geistliche Persönlichkeit entfalten und uns dem Fluss des Heiligen Geistes überlassen, kann er in unserem Inneren das verändern, was blockiert und hinderlich ist, sodass unser Leben um ein Vielfaches leichter wird. Folgendes Gebet drückt dies sehr schön aus:

Gestärkt werden
Jesus, du in mir
erneuerst
mein ganzes Sein.
Du stärkst
meinen Willen,
erneuerst
mein Denken,
glättest
die Wogen
meiner Gefühle.
Wenn ich mich
dir überlasse,
kann ich werden,
was ich bin:
wahre, geliebte Person,
geschaffen in dein Ebenbild.[75]

Das Leben zu einem Geschenk machen

Wenn wir es gelernt haben, bei Gott zu ruhen, sein Werk in uns geschehen zu lassen und regelmäßig bei ihm zu verweilen, sind wir gerüstet, uns zu erheben und vom „Sitzen“ zum „Wandeln“ zu kommen. Diese Reihenfolge ist notwendig, damit unser „Wandel“ nicht zum Krampf wird – gerade die Leistungsorientierten unter uns müssen sich dies immer wieder bewusst machen und praktizieren. Wir erhalten alles, was wir für unseren Wandel benötigen, zuvor im Sitzen an unserem himmlischen Stammplatz. Watchman Nee schreibt dazu:

Wir sind mit Christus in die Himmelswelt versetzt, aber unsere himmlische Stellung muss sich in unserem täglichen Wandel auf der Erde auswirken. Da wir ein himmlisches Volk sind, muss auch unser Wandel den Stempel des Himmlischen tragen. [...] Da wir in Wahrheit ein himmlisches Volk sind, ist es sinnlos, nur vom fernen Himmel zu sprechen. Es sei denn, wir bringen das Himmlische in unsere Wohnungen und Büros, unsere Werkstätten und Küchen und bringen es da in Anwendung, ist es ohne Bedeutung.[76]

Wir dürfen als Kinder des Lichts würdig unserer Berufung und in der Liebe wandeln und dabei ein Gespür dafür entwickeln, was Gott gefällt und was nicht (Epheser 4–5).

Je mehr ich es lernte, bei Gott zu entspannen und auf ihn zu hören, desto mehr fand ich den Mut, ich selbst zu sein und dadurch wiederum zunehmend meinen Platz in der Gemeinschaft einzunehmen, um dort mit meinen Gaben und Fähigkeiten präsent zu sein. Aus der Geborgenheit beim Vater erwuchs mein Mut, mich „in die Welt" hinauszuwagen, mit „meinen Talenten zu wuchern", um mich zum Wohle anderer zu betätigen, wie es Psalm 89,18 ausdrückt: *Weil du uns liebst, sind wir in deiner Gnade mutig und geborgen* (nach Edel).

In unserem wahren Selbst zu leben, bedeutet, in unserer wahren Bestimmung zu leben, das heißt, uns mit unseren gottgegebenen Gaben zum Segen für andere einzusetzen – das ist es, was der Apostel Paulus mit „wandeln" meint. Es gehört zu den guten und legitimen Grundbedürfnissen eines Menschen, handlungsfähig zu sein. Frucht bringen, mit seinen Talenten wuchern, initiativ und kreativ handeln – wie wir es auch nennen mögen –, sind gottgegebene Bedürfnisse. Wenn wir tatsächlich als Ebenbild des Gottes geschaffen sind, der der Schöpfer aller Dinge ist, dann kann es gar nicht anders sein, als dass jeder von uns ein großes Potenzial an Kreativität und Schaffenskraft in sich trägt. Und dieses Potenzial ist eine Gabe Gottes an uns, die nicht einem Selbstzweck dienen soll:

Wenn es der Geist ist, der die für den dreifaltigen Gott charakteristische Grundhaltung des Sich-Gebens ausströmt und sozusagen in die Geschichte ausbreitet, dann ist er allein derjenige, der uns helfen kann, aus unserem Leben eine Gabe und ein „lebendiges Opfer“ zu machen. Darin liegt der ganze Zweck des moralischen Lebens des Christen zusammengefasst; es ist für Paulus die einzige Antwort auf das Pascha Christi: „Angesichts des Erbarmens Gottes ermahne ich euch, meine Brüder, euch selbst als lebendiges und heiliges Opfer darzubringen, das Gott gefällt.“ (Röm 12,1)[77]

Wie anfänglich geschildert, befürchtete ich über viele Jahre meines Lebens, dass ich Gottes Willen für mein Leben nicht erkennen könnte. Ich hatte Angst davor, nicht zu verstehen, was er von mir wollte, und davor, ihm dadurch ungehorsam zu werden. Ich nahm an, dass mein Leben keine Frucht brachte. Wie konnte ich sicher sein, Gottes Stimme zu hören und seinen Willen zu erkennen, um ihn tun zu können? Gerade junge Christen stellen diese Frage häufig. Wenn wir uns darüber Gedanken machen, wie unser Leben zu einem Geschenk für andere wird, wie es fruchtbar werden kann, ist es auch nötig, über den Willen des Menschen zu sprechen.

Schwierig wird es immer dann, wenn Menschen der Zugang zu ihrem eigenen Wollen fehlt, da unser durch Christus erneuerter Wille mit Gott Hand in Hand arbeiten soll. Es gibt viele, die sehr gut benennen können, was sie nicht wollen, aber überhaupt nicht wissen, was sie wollen. Als wir einmal über das Thema sprachen, erzählte einer unserer Mitarbeiter, dass er über einen langen Zeitraum große Schwierigkeiten damit gehabt habe, Entscheidungen zu treffen. Er führte dies auf seine Kindheit zurück, in der es nicht denkbar gewesen sei, einen eigenen Willen zu haben. Seine Mutter habe ihm immer genauestens vorgeschrieben, was es zu wollen galt und was nicht, und er hatte sich dem gebeugt. Insofern erkannte er immer sehr schnell, was andere von ihm wollten und brauchten, aber was er selbst benötigte oder wünschte, war oftmals nicht greifbar für ihn. Auch wusste er oft sehr gut, was er nicht wollte, nicht aber, was er wollte. Erst spät erkannte er, wie notwendig es ist, seinen eigenen Wünschen auf die Spur zu kommen. Wie wichtig an dieser Stelle Heilungsgebet sein kann, beschreibt Leanne Payne:

Vor einigen Jahren sah ich mich geführt, für die Erlösung und Stärkung des Männlichen in einem Mann oder einer Frau zu beten, wenn sie einen schwachen Willen hatten, der gebunden oder passiv war. Die Fülle guter Früchte durch ein solches Gebet hat mich davon überzeugt, dass der Wille zum männlichen Teil unseres Wesens gehört. Zweifellos sind Männlichkeit und das wahre Selbst in besonderer Weise mit dem Willen des Menschen verknüpft. […] Es ist der Wille im Menschen, der über Sein und Nichtsein entscheidet. Mit dem Willen entscheiden wir uns für den Himmel des Werdens oder für die Hölle des Scheiterns.[78]

Es ist wichtig zu verstehen, dass der erlöste Wille des Menschen nicht einfach „abgeschaltet" wird, sobald Jesus in uns wohnt, sondern dass er mit dem Willen Gottes kooperieren soll:

Der menschliche Wille ist verbunden mit dem Bewusstsein des Menschen, und dies unterscheidet ihn offensichtlich von der übrigen Natur. Es ist das Bewusstsein, das dem Menschen die Möglichkeit einer Wahl gibt, nämlich zu gehorchen oder nicht. Erst wenn er sich selbst mit Gott vereinigen will, findet er zu der Ganzheit seiner Person, einer Person, deren Entscheidung ihn stetig vom Zentrum ihres Willens her verändert, hin zu der vollkommenen Person, die er sein wird. Der Wille eines solchen Menschen ist auf großartige Weise frei. Man könnte ihn den kreativen Willen nennen, denn im Gegensatz zum egoistischen oder egozentrischen Willen sucht er in lebendiger Weise Austausch mit allem, was ist. Der Wille eines solchen Menschen ist sprühend lebendig und aktiv und kann insofern als männlicher Wille bezeichnet werden, als er von der Kraft und der Männlichkeit Gottes selbst erfüllt wird.[79]

In der Vereinigung mit Gott findet ein Mensch zu seiner Ganzheit. Nur durch „Christus in uns" wird unsere geistliche Identität wiederhergestellt. Unsere innere Zerrissenheit hat viel mit dem Widerstreit zweier unterschiedlicher Naturen in uns zu tun: der des „alten Adams" (das falsche Selbst) und der des erneuerten Menschen (das wahre Selbst). In der Vereinigung mit unserem Herrn und durch die Herrschaft seines Geistes in uns verliert das selbstbezogene Wollen des falschen Selbst nach und nach die Macht über uns, und der Wille unserer geistlichen Identität, der den Zielen Gottes immer zustimmt, kommt zum Leben – dies ist der durch Christus erneuerte, durch den Heiligen Geist inspirierte und dem Vater hingegebene Wille. Daher sagt die Bibel, dass sich Kinder Gottes dadurch auszeichnen, dass sie sich vom Geist Gottes leiten lassen (Römer 8,14).

In der Vereinigung mit unserem Herrn und durch die Herrschaft seines Geistes in uns verliert das selbstbezogene Wollen des falschen Selbst nach und nach die Macht über uns, und der Wille unserer geistlichen Identität, der den Zielen Gottes immer zustimmt, kommt zum Leben.

Dieser Prozess, durch den unser Wille erneuert wird, braucht jedoch seine Zeit. Je mehr wir durch die verändernde Kraft Jesu von allen Verkrustungen gereinigt werden und alles von uns abfällt, was nicht zu uns gehört – seien es Fehlhaltungen, schlechte Gewohnheiten oder Sünden –, desto mehr wird unser wahres Selbst sichtbar und handlungsfähig:

Leanne Payne und andere seelsorgerliche Autoren sprechen hier vom „wahren Selbst", und in der Bibel finden wir die Bezeichnung „innerer Mensch" oder „inwendiger Mensch". Darüber schreibt Paulus im Brief an die Römer (Röm. 7,22): „Denn ich habe nach dem inneren Menschen Wohlgefallen am Gesetz Gottes." Das heißt, seiner Anlage nach kooperiert der innere Mensch mit Gott und seinem Willen und ist daher „sehr gut"; und diese Anlage ist im Menschen tiefer verankert als die Sünde. Aus dem Empfinden des inneren Menschen heraus ist der längste Psalm der Bibel verfasst worden, ein einziger Lobgesang auf Gottes gute Liebesgebote und Satzungen – Psalm 119: „Glücklich sind, die im Weg untadelig sind, die im Gesetz des Herrn wandeln. Glücklich sind, die seine Zeugnisse bewahren, die ihn von ganzem Herzen suchen … Gepriesen seist du Herr! Lehre mich deine Ordnungen! An dem Weg deiner Zeugnisse habe ich Freude, mehr als an allem Reichtum." Wie gut tut mir diese Erkenntnis, wo ich doch immer wieder gelehrt worden bin, dass der Mensch ausschließlich und nur böse sei.[80]

Menschen, in denen Christus lebt, sehnen sich danach, dass Gottes gute Absichten in ihrem Leben sichtbar werden. Sie wissen, dass Gottes Wille für ihr Leben das Beste ist, was es zu erreichen gilt. Es tut mir gut, mir dies bewusst zu machen. Der Wille des inneren Menschen arbeitet mit Gottes Willen Hand in Hand:

> *Wenn ich mich zu Christus bekehre, knüpft dieser unmittelbar an diesem meinem Tiefenwillen an und durchleuchtet ihn mit seinem Geist, sodass ich immer heiler in meinem Willen werde. Es kommt zu einer immer tieferen Harmonie zwischen meinem innersten Willen und Gottes Willen. Sicher sind viele andere Willensregungen, Impulse und Interessen auch noch da, und oft trüben sie meinen Blick; aber im tiefsten Grunde steht der Wille des Bekehrten nicht mehr im Gegensatz zu Gottes Willen. Er will zutiefst Gott gehorchen und umgekehrt: Gott will durch ihn wirken.*[81]

Wir müssen es lernen, der Präsenz des Heiligen Geistes in uns zu vertrauen. Wir müssen ihn weder herbeibeten, herbeibetteln noch herbeifasten. Er ist bereits da! Er lebt in uns, und wir dürfen entspannt und vertrauensvoll mit seinem Rat, seiner Führung, seiner Hilfe rechnen. In dieser festen Gewissheit zu ruhen und zu leben – darauf kommt es an!

Ein Vers aus den Psalmen hat mich in diesem Zusammenhang immer wieder ermutigt: *Und wenn ihr zur Rechten oder wenn ihr zur Linken abbiegt, werden deine Ohren ein Wort hinter dir her hören: Dies ist der Weg, den geht!* (Jesaja 30,21). Wir sind in der Tat oftmals schwerhörig oder verstehen den Sinn dessen nicht, was der Herr zu uns redet, und stehen daher in der Gefahr, vom rechten Wege abzukommen. Gott aber kalkuliert unsere Unfähigkeit in seine Pläne mit uns ein und hat Vorsorge getroffen. Er lässt uns nicht einfach in die Irre gehen oder in Abgründe stolpern. Er lehrt uns, seine Stimme wahrzunehmen und zu verstehen, und ist dabei äußerst geduldig. Wo immer ich bei aller Schwachheit Gottes Willen ernsthaft tun will, kann ich mir sogar manchen „Schnitzer" erlauben – ich selbst oder andere erleiden trotzdem keinen Schaden.

Ein Hauskreisleiter erzählte mir, wie er für ein missionarisches Projekt ein Mitarbeiterteam zusammenstellte. Dafür hatte er verschiedene Leute im Blick, die er ansprach und die alle gern mitarbeiten wollten. Schließlich fehlte noch eine Person und er überlegte, wer das sein könnte. Kurz darauf wurde er von einer Frau angerufen, die von sich aus fragte, ob sie mitarbeiten könne. Der Hauskreisleiter zögerte zunächst, weil er sich nicht vorstellen konnte, mit dieser Person zusammenzuarbeiten. Aber er prüfte die Angelegenheit vor Gott, um seinen Willen herauszufinden. Und obwohl er nicht damit gerechnet hatte, bekam er den starken Impuls, die Frau ins Team aufzunehmen. Er selbst hätte sie von sich aus nicht angesprochen, aber im Nachhinein erwies sie sich als gute und zuverlässige Mitarbeiterin, die er nicht mehr missen wollte.

Gott kalkuliert unsere Unfähigkeit in seine Pläne mit uns ein und hat Vorsorge getroffen. Er lässt uns nicht einfach in die Irre gehen oder in Abgründe stolpern.

Wie oft ist es so, dass Gott zu guter Letzt seine Pläne auf souveräne Art und Weise doch verwirklicht, sodass wir nur staunen können! Diese Erfahrung habe ich oft gemacht, und sie erleichtert es mir, mutig und vertrauensvoll meinen Glaubensweg zu gehen, ohne mich mit einer übertriebenen Angst vor Fehlern selbst zu behindern.

Mancher Christ meint, durch eine hörbare Stimme vom Himmel seine Berufung erfahren zu müssen, um dementsprechend handeln zu können. Er will zu 100 Prozent Gottes Willen erfüllen, und solange er sich dessen nicht sicher ist, tut er lieber gar nichts. In einer Predigt bekam ich diesbezüglich einen interessanten Denkanstoß: Christen können und dürfen in der Gemeinde Gottes alles tun, was ihnen vor die Hände kommt, solange Gott ihnen keinen spezifischen Auftrag gegeben hat, denn hier gibt es nie Arbeitsmangel. Solange wir keine andere konkrete Berufung von Gott erhalten haben, können wir in seinem Reich jeden Dienst verrichten, der getan werden muss und für den wir geeignet sind: die Gottesdienstmoderation übernehmen, missionarische Dienste oder Kindergottesdienstarbeit verrichten, Rundbriefe gestalten, Kranke besuchen, Kaffee kochen, Fenster putzen und vieles mehr. Mit meinem Handeln in jedem dieser Bereiche wird mein Leben zum Geschenk für andere.

Mir hat dieser Denkanstoß geholfen und ich habe danach gehandelt, sodass ich bei all den unterschiedlichen Aufgaben, die ich im Laufe der Jahre übernommen habe, wertvolle Erfahrungen sammeln konnte. Wir brauchen die Bereitschaft, uns zunächst im Kleinen zu bewähren, um später mehr anvertraut zu bekommen. Gott hat diese Haltung der Demut sehr genau im Blick und segnet sie: *Sein Herr sprach zu ihm: Recht so, du guter und treuer Knecht! Über weniges warst du treu, über vieles werde ich dich setzen; geh hinein in die Freude deines Herrn* (Matthäus 25,21). Später hat Gott mir immer speziellere Aufgaben gegeben, und um diese treu erfüllen zu können, kann ich nun nicht mehr für alles zur Verfügung stehen so wie früher.

Wir müssen der Berufung treu sein, die Gott auf unser Leben gelegt hat, wie Paulus dem Timotheus ans Herz legt:

> *Niemand verachte deine Jugend, vielmehr sei ein Vorbild der Gläubigen im Wort, im Wandel, in Liebe, im Glauben, in Keuschheit! Bis ich komme, achte auf das Vorlesen, auf das Ermahnen, auf das Lehren! Vernachlässige nicht die Gnadengabe in dir, die dir gegeben worden ist durch Weissagung mit Handauflegung der Ältestenschaft! Bedenke dies sorgfältig; lebe darin, damit deine Fortschritte allen offenbar seien! Habe Acht auf dich selbst und auf die Lehre; beharre in diesen Dingen! Denn wenn du dies tust, so wirst du sowohl dich selbst erretten als auch die, die dich hören.* (1. Timotheus 4,12-16)

Paulus fordert Timotheus dazu auf, sich gewissenhaft auf die Bereiche zu konzentrieren, die seinen Gaben und seiner Berufung entsprechen. Einen bestimmten Auftrag Gottes auszuführen, bedeutet gleichzeitig immer auch Beschränkung. Wenn Gott uns zu einem bestimmten Dienst sendet, können wir vieles andere nicht mehr tun, da wir uns sonst verzetteln. Leanne Payne bekam von Gott den Auftrag, das Volk Gottes zu lehren, wie es heil werden kann. Auf diesen Dienst beschränkt sie sich in ihren Vorträgen und Predigten, obwohl sie sicherlich auch zu vielen anderen Themen etwas zu sagen hätte. Aber sie selbst meint, sie predige immer wieder die gleiche Botschaft, da sie sonst an geistlicher Kraft einbüßen würde. Diese Treue zum Auftrag erfordert die Demut des Sich-Begrenzens. Indem wir als Männer und Frauen wie Maria zu Jesu Füßen sitzen, auf ihn hören, von ihm empfangen und zu unserer geistlichen Identität finden, werden wir – innerlich gestärkt – unsere initiativen, maskulinen Fähigkeiten in dieser Welt zum Einsatz bringen, gemäß der Begabung, die Gott uns gegeben hat, und dem Auftrag, der sich daraus ableitet. Unser Leben wird dadurch immer mehr zur Gabe für andere.

Gott will, dass unser Leben gelingt, er will uns segnen, und er will, dass andere durch uns gesegnet werden. Ein durch Gott gestärkter Wille ist notwendige Voraussetzung dafür, dass wir uns in unserer geistlichen Identität entfalten, damit unser Leben zum Geschenk für andere werden kann. Wir sind gefragt, unsere maskuline Seite zu aktivieren, die uns dabei hilft, visionär zu denken und zu beten, uns kraft unseres Willens Ziele zu setzen, zu analysieren, zu planen, zu bauen und auch zu leiten.

Mittels ihrer männlichen Fähigkeiten setzten Männer und Frauen zu allen Zeiten zielstrebig Gottes Pläne für diese Welt um, entwickelten Missionsstrategien, gründeten Gemeinden und Werke, riefen diakonische Dienste ins Leben und setzten sich unerschrocken für Gerechtigkeit ein. Sie verbesserten dadurch die Lebensumstände vieler Menschen, stillten Hunger und Durst, verbanden Wunden und brachten Hoffnung in eine Welt voller Leid und Ungerechtigkeit. Dadurch verkündeten sie, dass das Reich Gottes bereits unter uns angebrochen ist. Leiter und Leiterinnen, die ihre guten, gottgegebenen Fähigkeiten zugunsten anderer einsetzen, sind ein Segen für Gemeinden, für Werke, für diese Welt. Der Wert verantwortungsvoller geistlicher Leiter ist nicht hoch genug zu würdigen. Gottes Wort bezeugt, insbesondere in der Apostelgeschichte, dass Männer und Frauen Gottes, die ihre maskulinen Gaben dem Heiligen Geist zur Verfügung stellen, die ihren Willen mit dem seinen eins machen, die Welt für Gott erobern.

Manchmal fürchten wir uns davor, Gott nach seinem Willen für unser Leben zu fragen, weil wir Angst vor der Antwort haben.

Manchmal fürchten wir uns davor, Gott nach seinem Willen für unser Leben zu fragen, weil wir Angst vor der Antwort haben. Wir befürchten, dass er Dinge von uns verlangt, die uns überfordern oder die absolut nicht dem entsprechen, was wir uns wünschen. Meine besondere Angst bestand immer darin, dass er etwas von mir erwarten würde, das mich bis auf die Knochen blamieren würde, zum Beispiel mitten in der Stadt auf einer Apfelsinenkiste stehend zu predigen. Über diese Sorgen, die offenbar viele Christen plagen, sprach letztens Pastor Diethelm Strauch in einer Predigt. Er meinte, wir sollten uns vorstellen, unser kleiner Sohn sage zu uns: „Papa, ich habe dich ganz doll lieb und will immer auf dich hören!“ Welcher Vater wird nun auf die abstruse Idee kommen, sein Kind auf die Probe zu stellen, nach dem Motto: „Jetzt will ich doch mal sehen, ob dein Gehorsam echt ist!“ Wird er im Ernst dem Kind allerlei Pflichten aufbürden, um zu prüfen, ob es wirklich gehorcht? Stellt er es nun gerade vor schwierige Aufgaben, um zu testen, ob es seinen Willen erfüllt? Welcher Vater, welche Mutter tut so etwas? Wie kommen wir dazu, so von Gott zu denken? Was für ein krankes Gottesbild haben wir eigentlich? Leider denken wir aber oft in dieser Weise von unserem Vater im Himmel, und so kann es geschehen, dass wir ihn lieber nicht nach seinem Willen fragen und die Dinge selbst in die Hand nehmen. Gott will uns lehren, ohne Angst und Misstrauen mit ihm zusammenzuarbeiten. Wayne Jakobson schreibt:

> *Früher habe ich den Tag damit begonnen, meine Pläne vor Gott auszubreiten und ihn um seinen Segen dafür zu bitten. Wie dumm von mir! Wie konnte ich nur auf die Idee kommen, Gott zu meinem Erfüllungsgehilfen machen zu wollen? Gottes Pläne für meinen Tag waren doch viel größer als meine. Jetzt kann ich beim Aufwachen schon beinahe hören, wie er sagt: „Wayne, ich werde heute ein paar Leute berühren. Kommst du mit?“*[82]

Wenn wir Gottes wahres Wesen besser kennenlernen, verlieren wir nach und nach unser Misstrauen gegen ihn und fangen an, uns fester an ihn zu binden. Diese sichere Verankerung und Ausrichtung benötigen wir, wenn Gott anfängt, uns in die Weite zu senden, ins Neue und Unbekannte, um mit und durch uns die Welt zu beschenken. Wir sind dazu berufen, „mehr als Überwinder“ zu sein (Römer 8,37). Wir sollen es nicht nur gerade mal so eben in den Himmel schaffen, wir sollen nicht nur recht und schlecht mit unserem eigenen Leben fertig werden und in krankhafter Selbstbespiegelung stecken bleiben. Nein, Jesus will uns von all dem befreien, wir sollen in Jesu Sieg leben, um seinen Auftrag kraftvoll in der Welt zu erfüllen:

> *Dann rief er seine zwölf Jünger zu sich und gab ihnen die Vollmacht, die unreinen Geister auszutreiben und alle Krankheiten und Leiden zu heilen. [...] Diese Zwölf sandte Jesus*

aus und gebot ihnen: Geht nicht zu den Heiden, und betretet keine Stadt der Samariter, sondern geht zu den verlorenen Schafen des Hauses Israel. Geht und verkündet: Das Himmelreich ist nahe. Heilt Kranke, weckt Tote auf, macht Aussätzige rein, treibt Dämonen aus! Umsonst habt ihr empfangen, umsonst sollt ihr geben. (Matthäus 10,1-8; EÜ)

Wir benötigen ein erneuertes, klares Gottesbewusstsein, um zu einem vertrauensvollen Sendungsbewusstsein zu finden, das uns zu einer Gabe für die Welt macht. Wir brauchen ein starkes Bewusstsein von unserem mächtigen Gott, dem Gott Zebaoth, dem Herrn der Heerscharen und der Herrlichkeit. Es ist notwendig, dass uns die Augen für die Größe unseres Gottes, dem wir dienen, neu geöffnet werden, so wie dem Diener des Propheten Elisa. Als dieser entdeckte, dass die Stadt von dem furchterregenden Kriegsheer des Königs von Aram umstellt war, kam es zu folgendem Dialog*: Ach, mein Herr! Was sollen wir tun? Er aber sagte: Fürchte dich nicht! Denn zahlreicher sind die, die bei uns sind, als die, die bei ihnen sind. Und Elisa betete und sagte: HERR, öffne doch seine Augen, dass er sieht! Da öffnete der HERR die Augen des Dieners, und er sah. Und siehe, der Berg war voll von feurigen Pferden und Kriegswagen um Elisa herum* (2. Könige 6,15-17). Wir wollen dafür beten, dass der Heilige Geist uns immer wieder die Augen für die Realität von Gottes unsichtbarem Reich öffnet, das uns umgibt und alles Sichtbare durchdringt.

Wir benötigen ein erneuertes, klares Gottesbewusstsein, um zu einem vertrauensvollen Sendungsbewusstsein zu finden, das uns zu einer Gabe für die Welt macht

Vor Jahren wurde das Wort „Sachzwang“ zum Unwort des Jahres gekürt. Wofür muss dieses Wort doch alles herhalten! Sachzwänge legitimieren uns, das nicht zu tun, was wir tun sollten. Als Sachzwang können wir alles nur Erdenkliche deklarieren: Zeitmangel, Überlastung, einen anstrengenden Beruf, zu viele Kontakte, zu viele Probleme, eine schwierige Ehe. Alles Gründe, die uns dazu „zwingen“, von dem abzusehen, was wir tun sollten, mit der Folge, dass anderen all das Gute vorenthalten wird, das Gott ihnen durch uns zukommen lassen will.

Ich will den Druck, unter dem viele von uns im Alltag stehen, nicht bagatellisieren, denn auch ich kenne das Gefühl von Hilflosigkeit und Überforderung angesichts so mancher Lebensumstände. Mein Mann und ich kennen die Kämpfe, denen sich ein Mensch gegenübersieht, der sich auf den Weg macht, sein Leben im Hören auf Gott neu zu ordnen. Oft ist es so, als würde alles gegen uns aufstehen, um genau dies zu verhindern. Unsere Erfahrung zeigt, dass ein geistlicher Kampf nicht ausbleibt, sobald wir uns auf den Weg begeben, ernsthaft den Willen Gottes für unser Leben zu suchen und umzusetzen. Wir stoßen plötzlich auf massive Widerstände, die unüberwindbar erscheinen, und viele werden sich oft erst an diesem Punkt des geistlichen Kampfes bewusst, in dem wir als Kinder und Gesandte Gottes stehen. Die Sachzwänge, die sich uns in den Weg stellen, sind häufig gewaltig und haben schon so manchen zur Kapitulation gezwungen.

Aber kann es wirklich sein, dass Umstände eine solche Macht über uns haben können, dass wir gezwungen sind, uns ihnen zu beugen, entgegen dem Willen Gottes? Dies ist eine sehr entscheidende Frage.

? Gibt es wirklich etwas Machtvolleres als die in uns wirkende Kraft und Weisheit Gottes, die er uns bereitstellt, damit wir seinen Willen tun und anderen zum Segen sein können? Was könnte sich dem widersetzen?

Gott weiß sehr genau, wie schwer es oftmals ist, allen Herausforderungen unseres Alltags gerecht zu werden. Aber das hält ihn nicht davon ab, uns dazu aufzufordern, so zu wandeln, dass andere reichlich von uns profitieren. Wir sollen den Platz im Leben und dieser Welt einnehmen, den Gott für uns vorbereitet hat. Er wird jedem von uns, der ihn ernsthaft darum bittet, dabei helfen, sein Leben als Gabe für andere zu gestalten, ohne dabei auszubrennen. Gott wird uns seine Unterstützung zukommen lassen, wenn wir um Ausgewogenheit ringen. Ich glaube heute nicht mehr an Sachzwänge, weil ich Gottes Unterstützung erfahren habe; ich glaube nicht daran, dass irgendetwas den guten Plan Gottes für mein Leben behindern kann, und ich finde auch in der Bibel keine Anhaltspunkte dafür. Ich glaube, dass Gottes Stärke in meiner Schwachheit mächtig ist. Ich glaube an einen großen, mächtigen Gott, der Wunder tut, dem nichts unmöglich ist, der mir zur Hilfe eilt, wenn ich ihn anrufe, und der nichts von mir verlangt, für das er mir nicht auch alles zur Verfügung stellt, was ich dafür brauche. Jesu Joch ist deshalb leicht, weil wir alles, was wir geben, vorher selbst von ihm empfangen.

Viele von uns trauen sich nicht viel zu, weil sie viel zu lange den dunklen Stimmen Glauben geschenkt haben – die Folge ist eine tiefe, meist verborgene Entmutigung. Oft sind wir dann versucht, unser Licht unter den Scheffel zu stellen und uns kleinzumachen. Aber Gott weiß, was in uns steckt. Er traut uns eine ganze Menge mehr zu, als uns manchmal lieb ist.

Irgendwann verstand ich, dass Gott sich durch meine Ausreden nicht beeindrucken lässt. Er lässt Vorwände wie: „Ich bin noch zu jung!", oder: „Ich kann nicht reden!", oder: „Ich habe keine Zeit!", oder: „Ich habe Angst!" nicht gelten – weder bei einem Jeremia oder einem Mose noch bei mir selbst.

Der Theologe Tim Ruthven beschreibt, wie Paulus in seinen Briefen die jungen Gemeinden ermutigt, mit allen Tugenden, die sie durch Christus haben, in dieser Welt präsent zu sein:

> *Er zählt Tugenden auf, die man als natürlicher Mensch niemals besitzen oder leben kann. Paulus stellt uns ein Verhalten vor Augen, das nicht nur zum Gesetz für uns würde, sondern uns auch verdammen würde, wenn wir nicht das Leben hätten, das Christus in unsere irdenen Gefäße gegeben hat. Der, der das Leben ist, macht diese Tugenden zu unseren. […] Wir sind Gefäße, die das herrliche Licht Christi in die Welt der Dunkelheit bringen sollen. Wir sollen erfüllt sein und bleiben mit der herrlichen Gegenwart Christi; sie soll überfließen zu den Hungrigen und Durstigen.*[83]

Wenn Gott uns dazu auffordert, uns mit unseren Gaben in der Gemeinde, in unseren Familien und auf unserem Arbeitsplatz einzubringen, dann ist das auch möglich. Er selbst schafft dazu die Voraussetzungen und hilft uns dabei; er wirkt in uns das Wollen und das Vollbringen, wenn wir uns vertrauensvoll dafür öffnen! Er selbst öffnet die Türen und ebnet die Wege. Er segnet uns und lässt uns zum Segen für andere werden. Er selbst hat sich uns zum Geschenk gemacht und fordert uns auf, es ihm gleichzutun. Er will uns aus der Enge in die Weite führen.

Dort blühen, wo man gepflanzt ist

Vor einiger Zeit erzählte mir eine Frau ihre Geschichte – ich nenne sie hier einmal Sonja. Mit etwa zwanzig Jahren war sie gläubig geworden und seitdem von einer großen Sehnsucht erfüllt, im Glauben zu wachsen, voranzukommen und Großes mit Gott zu erleben. Sie schloss sich schon bald einer christlichen Lebens- und Arbeitsgemeinschaft an, deren Schwerpunkt auf Evangelisation und Mission lag. Hier pulsierte das Leben: Es fanden Veranstaltungen und Seminare in vollen Sälen mit Gastrednern aus der ganzen Welt statt. Die Frau hatte bald eine leitende Position inne, was bedeutete, dass sie regelmäßig an etlichen Abenden der Woche und an vielen Wochenenden im Einsatz war.

Sonja liebte ihren Dienst vor Ort, aber ihr Herz brannte für die Mission im Ausland. Ihre Lebensgemeinschaft sandte immer wieder Missionare aus, nach Rumänien, auf die Philippinen, nach Südamerika. Menschen anderer Kulturen zum Glauben an Jesus Christus zu bringen – das war für sie der Inbegriff des Fruchtbringens. Sie wäre gern mit ins Ausland gegangen, aber seltsamerweise öffneten sich die Türen für sie nicht – was sie irritierte und mit der Zeit unzufrieden werden ließ. Stattdessen lernte Sonja bei ihrer Arbeit einen Mann kennen und lieben. Nach einem Jahr heirateten sie; gemeinsam arbeiteten sie weiterhin in dem Werk mit.

Als Sonja einige Zeit später Mutter wurde, änderte sich ihr Leben schlagartig. Sie war nun stark ans Haus gebunden und konnte dadurch immer seltener bei Veranstaltungen mitarbeiten. Das, was sie nie für möglich gehalten hatte und für sie in gewisser Weise immer mit einem Makel behaftet gewesen war, war nun eingetroffen: Sie führte „ein ganz normales Leben". „Wer bei uns mitgearbeitet hat, ist für das normale Leben verdorben", hatte der Leiter ihres Werkes einmal zu ihr gesagt. Nun war es soweit – Sonja lebte auf einmal so ein ganz normales Leben: Sie war meistens zu Hause und dort intensiv mit ihren Kindern beschäftigt. Sie putzte, kochte und wusch die Wäsche, sie hatte Kontakt zu ihren Nachbarn und anderen Müttern, wurde in den Elternbeirat des Kindergartens gewählt, war Mitglied einer Jogging-Gruppe. Der Großteil ihres Lebens spielte sich nun, im Gegensatz zu vorher, in einem völlig „unfrommen" Bereich ab – nie hätte sie das für möglich gehalten!

„Verdorben für das ganz normale Leben" … Über diesen Satz denke ich immer wieder nach, und je mehr ich das tue, umso bedenklicher erscheint er mir. Was macht dieser Leiter, wenn er so etwas sagt? Er zieht eine klare Trennlinie: Hier ist das geistliche Leben, dort das „normale“ (ungeistliche) Leben. Da das spirituelle Leben, dort das profane. Hier sind die Vollzeitlichen, die ganz für den Herrn da sind, und dort die, die nicht ganz so intensiv für Gott da sind. Da ist das Leben, das ganz dem Reiche Gottes geweiht ist, und dort jenes, das ihm nicht völlig gewidmet ist. Ein solches Denken nennt man dualistisch: Gott ist gut und die Welt ist schlecht. Oder anders ausgedrückt: Hier ist der fromme und dort der nichtfromme Bereich, hier das Reich Gottes und dort die Welt. Für die Frau bedeutete dies: Die Arbeit im Rahmen der Gemeinschaft war Dienst für den Herrn, ihre Arbeit in der Familie war es nicht. Wenn sie das ganze Wochenende bei evangelistischen Veranstaltungen mitarbeitete, fühlte sie sich geistlich, arbeitete sie hingegen zu Hause, war dieses Empfinden nicht da.

Ein solches Denken nennt man dualistisch: Gott ist gut und die Welt ist schlecht. Oder anders ausgedrückt: Hier ist der fromme und dort der nichtfromme Bereich.

Diese Art von Dualismus ist nicht biblisch. Mein Eindruck ist, dass aber viele von uns eine solche Wertung vornehmen, oftmals völlig unbewusst. Wir splitten auf, wir unterteilen in „normale“ Arbeit und Arbeit für den Herrn, frommes Leben und weltliches Leben. Wir trennen den Gemeindebereich, in dem das geistliche Leben stattfindet, von unserem Alltag, von unserem Familien- und Berufsleben. Wenn wir uns aber bewusst machen, wie viele von uns in der heutigen Zeit immer stärker in ihren Berufen, in der Familie oder bei pflegebedürftigen Verwandten gefordert sind, dann können wir uns vorstellen, wie schädlich eine solche Unterteilung ist und wie sehr Christen dadurch unter Druck geraten können. Wir müssen an dieser Stelle umdenken.

In Jeremia 17,7-8 finden wir ein schönes Bild: *Gesegnet ist der Mensch, der auf den HERRN vertraut und dessen Vertrauen der HERR ist! Er wird sein wie ein Baum, der am Wasser gepflanzt ist und am Bach seine Wurzeln ausstreckt und sich nicht fürchtet, wenn die Hitze kommt. Sein Laub ist grün, im Jahr der Dürre ist er unbekümmert, und er hört nicht auf, Frucht zu tragen.*

Menschen, die Gott vertrauen, werden hier mit Bäumen verglichen, die am Rande eines Bachlaufs gepflanzt wurden. Gemäß diesem Bild ist jeder von uns irgendwo auf dieser Welt „eingepflanzt". Jeder Mensch hat, so wie ein Baum, seinen ganz speziellen Lebensraum. Als Christen vertrauen wir darauf, dass Gott für jeden von uns den Platz im Leben auswählt, an dem wir sein sollen. Er legt für jeden Menschen einen Lebensradius fest, einen Rahmen, in dem er leben und wirken soll, auch das Maß unseres Glaubens; das bedeutet einerseits, dass wir einen bestimmten Raum haben, gleichzeitig aber auch Begrenzung. Gott hat dir und mir im Leben einen Platz zugewiesen. Er hat uns „gepflanzt".

Es gibt jedoch Zeiten, in denen man sich fragt, ob man sich wirklich am rechten Ort befindet, spätestens in Umständen, die es einem schwer machen, Frucht zu tragen. Mancher Baum wurzelt in steinigem Boden oder durchlebt eine Regenzeit, die ihm das Wasser bis zum Hals stehen lässt. Oder aber er fühlt sich immer beengter, weil sich rechts und links neben ihm andere Gewächse ausbreiten, die ihm die Luft zum Atmen nehmen. Vielleicht durchleidet das Land, in dem er sich befindet, eine Dürre und Bäche und Flüsse trocknen aus, sodass er sich fragt: „Bin ich hier noch richtig? Ist dies hier wirklich der Platz, an den mich Gott gepflanzt hat?"

Das haben mein Mann und ich uns schon so manches Mal gefragt. Es gab Krisen, in denen wir sogar so weit gingen, uns die Frage zu stellen: „War ich hier an diesem Ort überhaupt jemals richtig?" Das waren Zeiten, in denen uns eine Schwierigkeit nach der anderen das Leben schwer machte, in denen wir uns geistlich angegriffen fühlten und kurz davor standen, zu resignieren und unseren Dienst aufzugeben. Es gab im Rahmen unserer Beratungsarbeit massive finanzielle Engpässe und in unserem Team Konflikte, die uns unlösbar erschienen. Da haben wir uns ernsthaft gefragt, ob unser Platz wirklich der Ort ist, an den Gott uns gepflanzt hatte – vielleicht hatten wir uns ja geirrt! Wir konnten nicht erkennen, wie es hätte möglich sein sollen, in einer solchen Lebenssituation für den Herrn zu wirken.

Wie wir damals fragst du dich vielleicht auch: „Kann dies der Ort sein, wo Gott mich haben will: in diesem schwierigen, hektischen Arbeitsumfeld; in einer Familie mit Schwiegereltern, die mich ablehnen; hier in dieser Nachbarschaft, die mir das Leben schwer macht; in dieser belasteten Ehe voller Missverständnisse und Konflikte; hier gefesselt an mein Krankenlager? Wie soll ich in diesem Rahmen Frucht tragen?" In der Bibel gibt es eine Menge Berichte von Menschen, die schon vor uns in dieser Weise gezweifelt haben. Hier treffen wir auf Menschen, die von Gott an Orte gepflanzt wurden, an denen niemand gerne sein will. Denken wir an Joseph in Ägypten. Die Orte, an die es ihn verschlug, waren alles andere als „Wohlfühloasen": der Brunnen, in den ihn seine Brüder stießen, bevor sie ihn in ein fremdes Land verkauften; der Palast des Potifar, dessen Frau sich schamlos an ihn heranmachte, sodass er alle Mühe hatte, sich ihr zu entziehen; oder schließlich das Gefängnis, in dem er Jahre verbrachte und von allen vergessen wurde. Hier grünen und Frucht tragen? Aber Joseph macht uns vor, was es heißt, dort zu blühen, wohin wir gepflanzt sind. Überall, wo er hinkam, lebte er trotz aller Enttäuschungen und Rückschläge in Abhängigkeit und Treue zu Gott, sodass er später sogar seinen Brüdern ohne Bitterkeit bezeugen konnte: *Ihr gedachtet es böse mit mir zu machen, aber Gott gedachte es gut zu machen, um zu tun, was jetzt am Tage ist, nämlich am Leben zu erhalten ein großes Volk* (1. Mose 50,20; LUT). Er diente seinem Gott an jedem Ort, in jeder Lage, in jeder Position, die er innehatte. Und die Menschen nahmen wahr, dass Gott ihn segnete, und erlebten, wie Gott ihn zu einem Machthaber in Ägypten machte.

In Zeiten, in denen wir das Gefühl haben, am falschen Ort zu sein, schleichen sich manchmal Schuldgefühle ein – wie bei Sonja, die sich plötzlich in einem „ganz normalen" Leben wiederfand. Vielleicht lag es ja an ihr, dass sie nicht in die Mission gegangen war, denn das Lebensmotto der modernen Welt lautet schließlich: „Man muss es nur wollen." Fromm übersetzt: „Wenn du wirklich in die Mission willst und dein Glaube stark genug ist, dann wirst du irgendwann in Südamerika sein, dann wirst du einen großen geistlichen Dienst haben." Ist das wirklich so? Muss man etwas nur wirklich wollen, um es zu erreichen?

Teilweise ist das sicher richtig. Ja, es hängt viel im Leben von unserem Willen ab, mit dem wir eine Sache anstreben und verfolgen. Das Geheimnis, das hinter so manchem Erfolg steht, ist ein eiserner Wille (im Einklang mit dem Willen Gottes) und manch einer bringt diesen nicht auf und wundert sich dann, dass er nicht weiterkommt. Jemand hat das einmal sehr treffend ausgedrückt: „Es gibt ein Wünschen, dem das Wollen fehlt.“ Manches wünschen wir uns zwar, aber die letzte Willenskraft, es zu erreichen, fehlt uns. Manches Wollen ist halbherzig.

Und dennoch: Nicht alles ist machbar, nicht alles veränderbar – schon gar nicht im Reich Gottes. Ein Beispiel dazu finden wir im Alten Testament. Da ist von König David die Rede, der einen Herzenswunsch hatte: Er wollte seinem Herrn einen Tempel bauen. Ein ehrenhafter und guter Wunsch, oder etwa nicht? Und dazu noch ein geistliches Anliegen! Auch war David zu diesem Werk durchaus in der Lage, denn als König hatte er die Mittel zu einem solch gewaltigen Bauvorhaben. Trotzdem gab Gott David kein grünes Licht; er verschloss diese Tür. Nicht David, sondern erst sein Sohn Salomo sollte den Tempel bauen, so hatte Gott es vorgesehen.

Manches wünschen wir uns zwar, aber die letzte Willenskraft, es zu erreichen, fehlt uns.

Wir wollen manchmal Großes für den Herrn tun und haben konkrete Vorstellungen davon, aber Gott ist und bleibt es, der uns dafür die Tür öffnen muss, wie es in Offenbarung 3,8 heißt: *Ich kenne deine Werke. Siehe, ich habe eine geöffnete Tür vor dir gegeben, die niemand schließen kann; denn du hast eine kleine Kraft und hast mein Wort bewahrt und hast meinen Namen nicht verleugnet.*

Ich kenne aus meinem Leben Zeiten, in denen ich gern woanders gewesen wäre. Da hätte ich gern einen anderen Platz gehabt, andere Aufgaben, andere Herausforderungen, einen anderen Rahmen. Da war mein Gebet: „Herr, pflanze mich doch bitte, bitte woanders hin!“ Vielleicht kennst auch du solche Gedanken. Schließlich haben wir oft eine eigene Vorstellung davon, an welchem Platz wir sein müssten, um Frucht tragen zu können. Aber weißt du, was Gott auf eine solche Bitte in der Regel antwortet? „Nein, an dem Ort, an dem du jetzt bist, und unter genau diesen Bedingungen, sollst du wurzeln, dich ausbreiten, blühen und grünen. Blühe dort, wo du gepflanzt bist!“ Dort, wo wir sind, sollen wir leben und Frucht bringen. In diesem Sinne heißt es in Kolosser 3,17: *Und alles, was ihr tut, im Wort oder im Werk, alles tut im Namen des Herrn Jesus, und sagt Gott, dem Vater, Dank durch ihn!*

Dieser Vers eröffnet uns völlig neue Perspektiven. Wenn wir die Bedeutung dieser Worte verinnerlichen, dann verändert sich etwas in unserem Herzen. Dann hören wir auf, unruhig nach unserem Platz im Leben oder in der Gemeinde zu suchen, sondern begreifen, dass wir schon dort sind. Bei Sonja hat es lange gedauert, bis sie das verstand. Der Platz in ihrer Ehe bei ihrem Mann, als Mutter bei ihren Kindern, inmitten ihrer Nachbarschaft war genau der Platz, an den Gott sie gepflanzt hatte. Gott selbst hatte ihr diese Tür geöffnet, aber sie hatte lange daran gezweifelt. Hier sollte sie Frucht bringen und nicht in Kolumbien. Und hier musste sie herausfinden, was es nun konkret für sie hieß, „alles im Wort oder im Werk in Gottes Namen" zu tun. Sie musste verstehen, dass sich im Hier und Jetzt, mitten im Alltagsstress, ihr geistliches Leben abspielte.

? Wie sieht das bei dir aus: Hast du deinen Lebensraum von Gott angenommen? Bist du versöhnt mit dem Ort, an den der Herr dich gepflanzt hat? Blühst du an diesem Ort? Oder kümmerst du dort nur vor dich hin? Blühen hat etwas mit Lebensfreude und Lebenslust zu tun. Hast du deine Lust am Herrn?

Oftmals blühen wir schon längst, ohne uns dessen bewusst zu sein – so wie meine Schwiegertochter Lena es ausgedrückt hat: „Diese Christen haben inmitten all der anderen geleuchtet." Was für eine Ermutigung: Christen werden als Himmelslichter wahrgenommen, ohne dass sie sich dessen bewusst sind. Wir tun die Dinge unseres Alltags in einer völlig anderen Haltung, wenn uns das klar wird. Wie oft erledigen wir unsere Arbeit gedankenlos, mechanisch, lustlos, weil uns diese Dimension nicht bewusst ist. Aber wir dürfen es lernen, dort zu blühen, wo wir gepflanzt sind – inmitten unserer alltäglichen Aufgaben und der Menschen, die Gott in unser Leben gestellt hat –, und wir dürfen uns dessen bewusst sein. Dann tun wir unsere Arbeit, so gut wir es können, und andere werden gesegnet. Als Hausfrau und Mutter habe ich mich zum Beispiel irgendwann dazu entschlossen, täglich genügend Zeit einzuplanen, um mittags nicht nur Fastfood, sondern eine gesunde Mahlzeit auf den Tisch zu bringen – obwohl ich nicht besonders gern koche.

Unser Blühen geschieht oft alles andere als spektakulär, sondern heimlich, still und leise. Aber wir dürfen uns sicher sein, dass wir dadurch etwas in unserer Umgebung bewegen und anderen zum Segen werden – ob in unserer Familie, im Krankenhaus oder Altersheim, in der Schule oder auf der Arbeit. Und wir werden von anderen Menschen als angenehm und wohltuend wahrgenommen, auch wenn wir vielleicht kaum die Gelegenheit haben, über unseren Glauben zu reden. So sprach mein Vater nur wenig über seinen Glauben, und dennoch strahlte sein ganzes Leben Gottvertrauen aus; selbst im Sterben – das war im Herbst 1998 – blieb er ruhig und getrost. Er sagte nicht viel, aber wenn er etwas sagte, so hinterließ es einen bleibenden Eindruck. Ich erinnere mich an eine Situation aus meiner Kindheit – meine Brüder und ich hatten uns bei Tisch über die Sichtweisen eines Bekannten lustig gemacht –, als er bemerkte, man solle nicht über Dinge spotten, die anderen heilig seien. Noch heute klingen seine Worte in mir nach – sie waren wie das Salz in der Suppe. Auf meinen Vater trafen Verse aus den Psalmen zu: *Der Mund des Gerechten spricht Weisheit aus und seine Zunge redet Recht; die Weisung seines Gottes ist in seinem Herzen* (Psalm 37,30-31).

Unser Blühen geschieht oft alles andere als spektakulär, sondern heimlich, still und leise.

Das Reich Gottes durchdringt mein ganz normales Leben; in meinem Alltag, in meinem mir von Gott gesteckten Rahmen baue ich sein Reich und lasse es sichtbar werden. In meiner alltäglichen Umgebung bin ich „Botschafterin" für Christus: *So sind wir nun Gesandte an Christi statt, indem Gott gleichsam durch uns ermahnt; wir bitten für Christus: Lasst euch versöhnen mit Gott!* (2. Korinther 5,20). Mit all meinem Sein und Tun – und manchmal auch mit meinem Reden – kann und will ich ihn als Geliebte und Gesandte verherrlichen, den Menschen seine Liebe erfahrbar machen und sie dazu auffordern, Jesu Versöhnungsangebot für sich in Anspruch zu nehmen.

Unser Blühen verändert diese Welt und die Menschen, die uns anvertraut sind. Meine Mutter trägt mit ihren zweiundachtzig Jahren (und so manchem Zipperlein) ihre Frucht in der Umgebung ihres kleinen Altenheims. Sie betet jeden Tag für ihre Kinder und Enkelkinder, sie kennt und grüßt ihre Mitbewohner herzlich mit Namen und hat stets ein gutes Wort für sie. Einige Alte und Kranke besucht sie in ihren Zimmern und Wohnungen, und an jedem Mittwochnachmittag liest sie ihrer bettlägerigen Freundin vor. Sie ist ein echtes Vorbild für mich in puncto Dankbarkeit und Zufriedenheit – sie strahlt das Wesen dessen aus, der in ihr lebt.

Wir können überall blühen, auch an den kärglichsten Orten. Corrie ten Boom war nach einem Schlaganfall sieben Jahre lang bettlägerig, bevor Gott sie zu sich nahm. Was muss das für diese agile, lebensfrohe Frau bedeutet haben? Doch diese Lebensphase verstrich nicht nutzlos. Ihre Pflegerin, die über diese Zeit ein Buch geschrieben hat, heftete viele Fotos von Verwandten, Freunden und anderen Missionaren an die Wände um das Krankenbett, sodass Corrie sie betrachten konnte. Wir können davon ausgehen, dass sie die letzten Jahre ihres Lebens einen Gebetsdienst verrichtet hat, dessen Frucht wir wohl erst in der Ewigkeit sehen werden. Sie machte den Ort ihrer Not zu einem Ort der Blüte.

Gott pflanzt uns an den rechten Platz, unseren „Einsatzort" in dieser Welt, an dem wir grünen und blühen können. Wenn wir meinen, überall und für alle Belange dieser Welt verantwortlich zu sein, verzetteln wir uns und geraten unter Druck. Oft erging es mir so, dass mir allein der Anblick der vielen bettelnden Menschen in unserer Stadt Schuldgefühle verursachte. Plötzlich dachte ich an all die vielen Bereiche Dortmunds, in denen die Not zum Himmel schreit, an denen aber kein Christ helfend präsent ist. Wenn mir dann diese „unversorgten" Orte in den Sinn kamen, verurteilte ich mich selbst, weil ich dieser Not nicht begegnete. Oft dachte ich darüber nach und betete, wie ich damit umgehen sollte. Wie dachte Gott darüber?

Irgendwann fand ich die Antwort beim Lesen der Bibel, im 1. Buch der Könige im 19. Kapitel. Dort klagt der Prophet Elia seinem Gott, dass außer ihm alle anderen Propheten durch die gottlose und grausame Baalsanhängerin und Königin Isebel ausgerottet worden seien. Aber Gott antwortet ihm darauf, dass er sich irre, denn er habe 7000 übrig gelassen, die ihre Knie nicht vor Baal gebeugt hätten.

Elia sah sich verlassen in einer beängstigenden Situation, er meinte, allein als Prophet und Knecht Gottes übrig geblieben zu sein. Gott aber hatte vorgesorgt, er hatte noch viele andere Menschen im Lande, die ihm dienten, von denen Elia aber nichts wusste. Mir wird dadurch klar, dass auch ich oft in unserer Stadt nur das Vordergründige sehe, aber Gott auch hier im Verborgenen wirkt. Er begegnet der Not in Dortmund nicht nur durch mich, sondern auch durch andere Christen, die betend und handelnd für die Stadt einstehen. Er gebraucht Menschen, von denen ich nichts weiß. Ebenso wie vor vielen Jahrhunderten einem Elia machte

Gott mir klar, dass er selbst die Kontrolle behält und ich nicht für alles verantwortlich bin, ja, dass ich mich getrost auf das beschränken und konzentrieren darf, was er mir anvertraut hat. Wenn ich dies bedenke, fällt eine große Last von mir ab.

Dort zu blühen, wo Gott mich gepflanzt hat, heißt auch, dass ich mein Feld geistlich verteidige, so wie es im Brief an die Epheser beschrieben ist:

> *Schließlich: Werdet stark im Herrn und in der Macht seiner Stärke! Zieht die ganze Waffenrüstung Gottes an, damit ihr gegen die Listen des Teufels bestehen könnt! Denn unser Kampf ist nicht gegen Fleisch und Blut, sondern gegen die Gewalten, gegen die Mächte, gegen die Weltbeherrscher dieser Finsternis, gegen die geistigen Mächte der Bosheit in der Himmelswelt. Deshalb ergreift die ganze Waffenrüstung Gottes, damit ihr an dem bösen Tag widerstehen und, wenn ihr alles ausgerichtet habt, stehen <bleiben> könnt! So steht nun, eure Lenden umgürtet mit Wahrheit, bekleidet mit dem Brustpanzer der Gerechtigkeit und beschuht an den Füßen mit der Bereitschaft ‹zur Verkündigung› des Evangeliums des Friedens! Bei alledem ergreift den Schild des Glaubens, mit dem ihr alle feurigen Pfeile des Bösen auslöschen könnt! Nehmt auch den Helm des Heils und das Schwert des Geistes, das ist Gottes Wort!* (Epheser 6,10-17)

In dem Moment, als Jesus geboren wurde, brach Gottes reales, für uns noch unsichtbares Reich inmitten unserer Welt an; und in dem Moment, in dem er sein „Es ist vollbracht!" ausrief, hat er den Sieg über alle dunklen Mächte und Stimmen ein für alle Mal errungen. Er hat für uns gekämpft und gesiegt. Der Boden, auf dem wir stehen, ist bereits Gottes Eigentum, auch wenn das Brüllen des Löwen uns etwas anderes weismachen will. Wir brauchen diesen Kampf nicht mehr auszutragen. Wir dürfen – so wie das Volk Israel angesichts seiner Feinde – getrost stehen und zusehen, wie der Herr für

Wir brauchen diesen Kampf nicht mehr auszutragen. Wir dürfen – so wie das Volk Israel angesichts seiner Feinde – getrost stehen und zusehen, wie der Herr für uns streitet.

uns streitet: *Fürchtet euch nicht! Steht und seht die Rettung des HERRN, die er euch heute bringen wird!* (2. Mose 14,13). Unser Auftrag ist es lediglich, das Feld zu behaupten; wir sollen unseren Platz einnehmen und behalten, und dafür stellt Gott uns alles Notwendige bereit. Jesus hat den Sieg über alle Manifestationen der Finsternis errungen, und wir sollen es lernen, in diesem Sieg zu „stehen". Dazu schreibt Watchman Nee:

> *Das christliche Erlebnis beginnt mit dem Sitzen und führt zum Wandel, aber endet nicht damit. Wir müssen stehen lernen. […] Das Wort stehen bedeutet, dass der umstrittene Boden in Wirklichkeit Gott gehört – und damit auch uns. Wir brauchen nicht erst zu kämpfen, um darauf Fuß zu fassen. […] Wenn du kämpfst, um den Sieg zu erringen, hast du die Schlacht von Anfang an verloren. […] Es ist Satan nicht unbedingt darum zu tun, uns zur Sünde zu verleiten. Er wird versuchen, uns aus der Siegerstellung herauszulocken, in die der Herr uns gestellt hat. Durch den Verstand oder unsere Gefühle greift er unser Ruhen in Christus und unseren Wandel im Geist an. Aber für jede Stelle seines Angriffs stehen uns Verteidigungswaffen zur Verfügung.*[84]

Wir sollten regelmäßig Zeiten einplanen, den Sieg Jesu in den Blick zu nehmen, uns an ihm zu freuen und ihn zu feiern – das ist der Sinn von Lobpreis und Anbetung. Wir machen uns eins mit dem Jubel der sichtbaren und unsichtbaren Welt, wir feiern den, der den Fluch von Sünde, Tod und Teufel gebrochen und uns zu Gesegneten gemacht hat. Unserem Gott gebührt triumphierender Lobgesang!

Der Ort unserer Sicherheit ist der Ort, an den wir von Gott gestellt sind, denn hier befinden wir uns in seinem Willen. Uns aus dieser Siegerstellung zu locken, wie Watchman Nee es ausdrückt, bedeutet, uns aus unserer Deckung zu locken, dem Platz, an dem wir geborgen sind. Unser Feind tut dies, indem er versucht, unser Vertrauen auf Gott zu erschüttern und uns daran zweifeln zu lassen, am rechten Platz im Leben zu sein. Er tut es in dürren, zähen, schwierigen Lebensphasen, in denen es uns schwerfällt, Gottes Stimme zu hören, und uns Unruhe überkommt, weil wir uns fragen, ob wir sein Reden überhört haben. Oft sind es Phasen des Übergangs, des „Noch-Nicht", in denen Veränderung ansteht, es aber noch nicht so weit ist. Dies sind die gefährlichen Zeiten im Leben eines Christen, in denen wir in der Gefahr stehen, unter Druck unsere Deckung zu verlassen und eigenmächtig zu handeln. Wir fühlen uns dann gefordert, aktiv zu werden, angestachelt durch den inneren Antreiber: „Tu etwas! Handle! Du kannst nicht Gott alles überlassen. Er hat dir schließlich Verantwortung für dein Leben gegeben!“ In solchen Situationen treffen wir angesichts von „Sachzwängen“ vorschnell unweise Entscheidungen, die wir später bereuen.

Übergangszeiten sind oft Krisenzeiten, die keinem von uns erspart bleiben. Ich habe sie häufig als Phasen unerträglicher Zähigkeit erlebt. Alle Entwicklungen schienen zu stagnieren, es gab kein Vorwärtskommen, nichts Neues war in Sicht. Es war schier zum Verzweifeln. Und mit jedem Tag, an dem sich nichts tat, wuchs der Druck in mir und die Überzeugung, dieser Stillstand könne nie und nimmer Gottes Wille sein und ich müsse daran unbedingt etwas ändern. Ich musste lernen, dem Herrn gerade dann unbeirrt zu vertrauen und an meinem Ort zu bleiben, ruhig und gehorsam. So behalten wir das Feld, wie es im Brief an die Hebräer steht: *Was ihr braucht, ist Ausdauer, damit ihr den Willen Gottes erfüllen könnt und so das verheißene Gut erlangt* (Hebräer 10,36; EÜ).

Wir sollten alles daran setzen, unseren Glauben und die Ruhe zu bewahren und abzuwarten, bis wir Klarheit bekommen. Wie ich einmal in der freien Übertragung eines Bibelverses gelesen habe: „Halte fest das Vertrauen, das dich wie ein mächtiger Schild ganz und gar deckt.“ Gott mutet uns solche Lebensphasen zu, und im Gegensatz zu uns hat er viel Zeit, sehr viel Zeit. Er lehrt uns, in ruhigem Vertrauen seine Hilfe, seine Antwort oder sein „Jetzt geh los!“ zu erwarten. Von Hanna Hümmer, Mitgründerin der Communität Christusbruderschaft Selbitz, stammen folgende ermutigenden Worte:

Falls wir durch den Gehorsam im Glauben verharren,
wird Gott die Schatten schwinden lassen,
und klar und leuchtend wird er uns
den Stern der Erkenntnis seines Willens
aufstrahlen lassen.

Wir sollen den Platz, an den Gott uns gepflanzt hat, einnehmen und ihn uns durch nichts und niemanden streitig machen lassen. Wie der Baum, der an Wasserbächen gepflanzt ist, sollen wir an unserem Ort in dieser Welt zuversichtlich und mit einem festen Herzen verwurzelt sein, versorgt und gestärkt an der Quelle, die niemals versiegt. Dadurch bleiben wir inmitten von Dürre, Not und anderen schwierigen Umständen unverzagt und bringen aller Widrigkeiten oder Widersacher zum Trotz Frucht. Und genau wie für jenen Baum am Wasser ist hier für uns das Fruchttragen keine Kunst, keine Zumutung und kein schweres Joch, sondern geschieht ganz natürlich und nebenbei. Wir lieben, weil wir zuerst geliebt wurden; wir geben, weil wir überfließend beschenkt sind; wir reden, weil unser Mund von der Gnade Gottes überfließt, die unser Herz erfüllt; wir segnen, weil wir Gesegnete sind. Diese Erfahrung erfüllt uns mit anbetendem Dank, so wie es Teresa von Ávila in einem Gebet formuliert:

Wie der Baum, der an Wasserbächen gepflanzt ist, sollen wir an unserem Ort in dieser Welt zuversichtlich und mit einem festen Herzen verwurzelt sein, versorgt und gestärkt an der Quelle, die niemals versiegt.

Wer bist du, dem ich alles zu verdanken habe,
der die Finsternis in mir erhellt,
und der mein Herz erweicht,
das vorher hart wie Stein war?
Wer ist es, der quellendes Wasser spendet,
wo nichts als Trockenheit herrschte?
Wer weckt die Sehnsucht in mir
und gibt mir Mut, den geistlichen Weg zu gehen?[85]

Es gibt nur einen, dem dies möglich ist. Alles, was ich bin und habe, habe ich allein durch ihn. Er hat alles für mich getan und mir bleibt nur noch, dies dankbar anzuerkennen und anzunehmen. Ich öffne mich seiner Kraft, und so wirkt er Wollen und Vollbringen in mir. Ich setze mich zu ihm, schaue ihn an, lerne von ihm und werde so verwandelt in sein Bild. Nichts, was für die Ewigkeit von irgendeinem Belang ist, geschieht durch mein Vermögen, durch meine Anstrengung oder Kraft, sondern einzig und allein durch seinen in mir wirkenden Geist und durch seine Liebe, die in mein Herz ausgegossen ist. Daher ist das Joch Jesu nicht erdrückend, sondern leicht zu tragen, und wenn ich dies im Glauben erfasse, kann mein rastloses Herz endlich zur Ruhe kommen.

Abschließende Gedanken

Alle Gedanken und Erfahrungen, von denen ich in den vorangegangenen Kapiteln berichtet habe, sind das persönliche Resümee vieler Jahre. Trotzdem bin ich mit dem Prozess der Wiederherstellung, den der Herr mit jedem von uns durchläuft, natürlich nicht am Ende. So machte er mich erst kürzlich auf etwas aufmerksam, was ich so noch nie gesehen hatte. Mir wurde bewusst, dass viele meiner frommen Bemühungen dazu dienen, mir selbst und Gott zu beweisen, dass ich ihn wirklich liebe. Ich entdeckte, wie wenig ich mir selbst traue, was meine Liebe zu Gott anbelangt. Ich meine, sie immer wieder neu unter Beweis stellen zu müssen. Unbewusst will ich Gott durch meine Hingabe immer wieder beteuern, wie groß meine Liebe zu ihm ist, wie ernst ich es meine.

Das, was ich an dieser Stelle sehr abgeklärt beschreiben kann, war mir bis zu jenem Zeitpunkt überhaupt nicht klar. Vor einigen Tagen war es dann aber so, als sagte Gott zu mir: „Mein liebes Kind, es mag sein, dass du dir selbst misstraust, aber ich vertraue dir. Ich weiß, dass du mich liebst!“ Als es mir auf der Zunge lag zu kontern: „Bist du dir da wirklich sicher?“, wurde mir zusätzlich erschreckend bewusst, wie sehr ich mir selbst misstraue.

In diesem Zusammenhang dachte ich über ein Kapitel aus der Bibel nach, das mich, sooft ich es lese, besonders berührt. Da sitzen Jesus und Petrus zusammen und sprechen über jene verhängnisvolle Nacht vor Jesu Kreuzigung, in der Petrus aus Angst mehrmals geleugnet hat, Jesus zu kennen. Nach seinem Versagen muss der Jünger an seiner Zuneigung zu Jesus zutiefst gezweifelt haben.

„Mein liebes Kind, es mag sein, dass du dir selbst misstraust, aber ich vertraue dir. Ich weiß, dass du mich liebst!“

Jesus spricht diese beschämende Situation nicht direkt an, sondern indirekt. Er fragt seinen Jünger dreimal, ob er ihn liebe. Petrus, durch sein Versagen geläutert, erwidert dreimal zaghaft, dass er Jesus lieb habe. Ich bin immer davon ausgegangen, dass Jesus ihn damit „rehabilitieren“ wollte, dass er ihm dadurch die Gelegenheit geben wollte, ihm seine Liebe zu bekennen, und damit sich selbst zu ihm. Jetzt aber kam mir der Gedanke, ob es nicht doch anders war. Kann es sein, dass Jesus die

Frage stellt, damit Petrus sich selbst bewusst wird, dass er Jesus trotz seines Versagens liebt, ja, ihn immer geliebt hat? Kann es sein, dass er ihn deshalb fragt, damit er lernt, sich selbst und seiner Liebe zu Jesus neu zu vertrauen? Vielleicht geht es gar nicht darum, dass Jesus von seinem Jünger das Bekenntnis seiner Liebe hören will, sondern dass es Petrus selbst hören muss, so als ob Jesus sagt: „Hör genau hin, was du sagst, und vertraue dir selbst: Du liebst mich! Du liebst mich trotz allem, was geschehen ist, und ich weiß das und schätze es!"

Je mehr ich das auf mich wirken lasse, dass Gott mir und meiner Liebe zu sich traut, desto konkreter merke ich, wie mein Herz leichter wird. Ich spüre dies deutlich in meinen stillen Zeiten und bin gespannt darauf, wie sich meine Beziehung zu Gott verändern wird, wenn ich es lerne, mir selbst über den Weg zu trauen. Wieder kommt mir das Bild mit den aufsteigenden Luftblasen in den Sinn. Es fühlt sich an wie die berühmten „Schmetterlinge im Bauch". Ich bin geliebt – und ich liebe! Kann es ein größeres Glück auf dieser Welt geben?

Dank

Mein besonderer Dank gilt meinem Mann Rolf, der mir mit wichtigen Anregungen und viel Ermutigung zur Seite stand, sowie meiner Lektorin Frau Silke Gabrisch, die die Idee zu diesem Buch hatte und die durch ihre hilfreiche und wertvolle Begleitung und Arbeit sehr zur Entstehung dieses Buches beigetragen hat. Auch bin ich Leanne Payne von Herzen dankbar, da ich durch ihre Bücher verstand, wie Christen innere Heilung erfahren können.

Literaturverzeichnis

Bernitz, Christa. Himmel in meinem Herzen. Riehen/Basel: arteMedia, 2012.

Cantalamessa, Raniero. Als neuer Mensch leben; Die geistliche Botschaft des Römerbriefes. Freiburg im Breisgau: Herder, 2003.

Cantalamessa, Raniero. Komm, Schöpfer Geist. Betrachtungen zum Hymnus Veni Creator Spiritus. Freiburg im Breisgau: Herder, 2007.

Carretto, Carlo. Ich habe gesucht und gefunden. Freiburg im Breisgau: Herder, 1983.

Chambers, Oswald. Mein Äußerstes für sein Höchstes. Bern: Berchtold Haller Verlag, 1978.

Deichgräber, Reinhard (Hrsg.). Das Geheimnis eines glücklichen Lebens. Witten: SCM R.Brockhaus, 2012.

Dyckhoff, Peter. Aus der Quelle schöpfen: Das innerliche Gebet nach Teresa von Avila. München: Don Bosco, 2002.

Edel, Reiner-Friedemann. Psalmen, große Auswahl. Lüdenscheid: Verlag Edel, 1996.

Edwards, Gene (Hrsg.). Leben in Gottes Gegenwart. Eggenstein: Leuchter Edition, 2009.

Gersdorf, Dorothea. Endlich Friede mit mir selbst! Schritte zur Selbstannahme. Solingen: Verlag G. Bernard, 2013.

Gersdorf Dorothea. Lieben statt siegen: So steigen Sie aus Machtkämpfen aus. Witten: SCM R.Brockhaus, 2007.

Gersdorf, Rolf. Versöhnt mit Gestern: Familienstellen auf biblischer Grundlage. Holzgerlingen: SCM Hänssler, 2012.

Grün, Anselm. Lebensmitte als geistliche Herausforderung. Münsterschwarzach: Benedict Press, 2011.

Jakobsen, Wayne. Geliebt! Tag für Tag in der Zuneigung des himmlischen Vaters leben. Bruchsal: GloryWorld-Medien, 2007.

Ketteler, Evaldine M. und Knollmeyer, Cornelia M. Gott zum Freund haben. Exerzitien von Teresa von Avila. Regensburg: Echter Verlag, 2004.

Körner, Reinhard. Quellen lebendigen Wassers. Kernworte christlicher Mystik für die Spiritualität im Alltag. Leipzig: St. Benno, 2007.

Lanz, Manfred. Leben in der Liebe des Vaters: Eine Entdeckungsreise zum Vaterherzen Gottes. Witten: SCM R.Brockhaus, 2011.

Malm, Magnus. Gott braucht keine Helden. Witten: SCM R.Brockhaus, 1997.

Murray, Andrew. Nach Jesu Bild. Lüdenscheid: Verlag Dr. R.-F. Edel, 1975.

Naegeli, Antje Sabine. Die Nacht ist voller Sterne. Freiburg im Breisgau: Herder, 2010.

Nee, Watchman. Sitze, wandle, stehe. Berneck: Schwengler, 1980.

Nigg, Walter (Hrsg.). Gebete der Christenheit. Hamburg: Rauhes Haus, 1960.

Nouwen, Henri. Dem vertrauen, der mich hält. Freiburg: Herder, 2003.

Nouwen, Henri. Die innere Stimme der Liebe. Freiburg im Breisgau: Herder, 1997.

Nouwen, Henri. Du bist der geliebte Mensch. Religiös leben in einer säkularen Welt. Freiburg im Breisgau: Herder, 1993.

Nouwen, Henri. Ich hörte auf die Stille. Freiburg im Breisgau: Herder, 1978.

Payne, Leanne. Leanne Payne 1932. Lüdenscheid: Asaph, 2009.

Payne, Leanne. Dich will ich hören, Herr. Das Reden Gottes besser verstehen. Aßlar: Projektion J, 2004.

Payne, Leanne. Heilende Gegenwart. Neukirchen-Vluyn: Aussaat, 1994.

Payne, Leanne. Krise der Männlichkeit. Lüdenscheid: Asaph, 2002.

Prince, Derek. Leben aus Glauben. Hurlach: Jugend mit einer Mission, 1980.

Riemann, Fritz. Grundformen der Angst. München : [s.n.], 1991.

Rienecker, Fritz (Hrsg.). Lexikon zur Bibel. Witten: SCM R.Brockhaus, 1992.

Ruthven, Tim. Edelsteine: Tägliche Stille Zeit. Lüdenscheid: Asaph, 2011.

Schlösser, Felix. Das leichte Joch Jesu. Predigtgedanken. 2011. Provinzialat der Redemptoristen. http://www.redemptoristen.com/index.php?id=177&programm=321&predigt=535 (zuletzt geprüft am 7.8.2013).

Wehr, Gerhard. Meister Eckhard: Mystische Traktate und Predigten. München: Eugen Diederichs Verlag, 1999.

Anmerkungen

1 Lanz 2009, 31
2 Cantalamessa 2003, 37-38
3 Rienecker 1992
4 Cantalamessa 2003, 22
5 Jakobsen 2007, 131
6 Lanz 2009, 28-29
7 Cantalamessa 2003, 180
8 Nouwen 1993, 111-112
9 Nouwen 1997, 118
10 Schlösser 2011
11 Cantalamessa 2003, 180
12 Chambers 1978, 168
13 Payne 2008, 85
14 Nouwen 1997, 31
15 Bernitz 2012
16 Jakobsen 2007, 111
17 Lanz 2009, 20-21
18 Edwards 2009, 55-56
19 ebd.
20 Nouwen 1991, 69
21 Payne 2004, 134
22 Payne 2004, 134
23 Nouwen 1991, 54-55
24 Nouwen 1996, 98
25 Nouwen 1993, 110
26 Jakobsen 2007, 193
27 Carretto 1983, 67
28 Payne 2002, 96
29 Payne 2002, 7
30 Carretto 1983, 68
31 R. Gersdorf 2012, 24
32 Murray 1975, 154-155; 187-188
33 Murray 1975, 10
34 Nee 1980, 10-11
35 zit. in: Edwards 2009, 67-93
36 Grün 2011, 39
37 zit. in: sonntags. Erfindung der Freiheit, Hamburg: Andere Zeiten e.V., 2009
38 Naegeli 2010, 14
39 Nee 1980, 44-45
40 Nouwen 1978, 59
41 Nouwen 1978, 61
42 Prince 1980, 31
43 zit. in: Wehr 1999, 72-73

44 Deichgräber 2012, 185.
45 Murray 1980, 42
46 Jakobsen 2007, 194
47 Ketteler & Knollmeyer 2004, 47
48 zit. in: Nigg 1960, 88
49 D. Gersdorf 2007, 46-47
50 D. Gersdorf 2013, 52-53
51 Edel 1996
52 Jakobsen 2007, 235
53 zit. in: Edwards 2009, 64
54 Jakobsen 2007, 185
55 Chambers 1978, 42
56 zit. in: Ketteler & Knollmeyer 2008, 19
57 zit. in: Ketteler & Knollmeyer 2008, 22
58 zit. in: Körner 2007, 25
59 Bernitz 2012
60 Dyckhoff 2002, 44
61 R. Gersdorf 2012, 25-26
62 Körner 2007, 13
63 Ketteler & Knollmeyer 2008, 29
64 Malm 1997, 56; 58
65 Ketteler & Knollmeyer 2008, 20
66 Bernitz 2012
67 Jakobsen 2007, 1
68 Cantalamessa 2007, 105
69 Nouwen 2003, 42
70 Payne 1994, 49
71 Riemann 1991, 61
72 Nouwen 2003, 42
73 Foster 2012, 52
74 Nouwen 2003, 159
75 Bernitz 2012
76 Nee 1980, 21
77 Cantalamessa 2007, 106
78 Payne 2002, 89-90
79 Payne 2002, 91
80 D. Gersdorf 2013, 35
81 Malm 1997, 153
82 Jakobsen 2007, 181
83 Ruthven 2011, Texte für den 12. Sept./11. Okt.
84 Nee 1980, 43-44
85 Dyckhoff 2002, 129

Gebunden,
14 x 21,5 cm,
176 Seiten
Nr. 226.578

Ansgar Hörsting

Darauf kannst du dich verlassen!

Wie Gottes Zusagen unser Leben verändern

Schöpfen Sie Kraft aus den Zusagen Gottes, aus seinen Verheißungen! Ansgar Hörsting, Präses des Bundes Freier evangelischer Gemeinden, ist überzeugt davon, dass sie Ihr Leben verändern können. Er erklärt, inwiefern bestimmte Bibelverse auch für uns heute gelten und unter welchen Bedingungen wir sie für uns in Anspruch nehmen können. Vor allem aber ermutigt er dazu, sich ganz auf Gottes Verheißungen zu verlassen und so getrost durchs Leben zu gehen.

SCM
R.Brockhaus